読めば得する

働く人の
もらえる
お金と
手続き

実例150

社会保険労務士
蓑田真吾

JN048676

はじめに

　社会保険労務士という資格に出会う前、当時20代中盤であった私はある給付制度を活用すべく有給休暇を活用し、以前から気になっていた蕎麦屋で蕎麦を食したあと、意気揚々と申請窓口を訪ねました。しかし、そこで待っていたのは窓口の方の「あなたは申請できる要件を満たしていないですし、もしできたとしてもすでに申請期限が過ぎていますよ」の一言。知らないことに対する自身の無力さと恐怖を感じました。結局そのときは頭がフリーズし、無知ゆえに切り返す言葉も何もなく、ただ言われっぱなしで帰宅したことだけは覚えています。

　もちろん不正な申請をすることは絶対に許されませんが、生きていく上で欠かせないお金は、申請できる条件が整っているのであれば積極的に活用していくべきだと感じています。そのためにも重要なのは正しい情報を探り出し、「実際に行動に起こすこと」です。これだけ情報が溢れている現代において、知っていること自体にそこまで価値はなく、どれだけ行動できているかに真の価値があると私は思います。

　本書は当時の20代の自分自身に対して、そしてお金について悩みを持っているビジネスパーソンへ、その悩みが少しでも解消されることを願って書きました。最後に、本書に関わってくださったすべての皆様に御礼を申し上げます。

2023年2月

社会保険労務士　蓑田 真吾

目次

第1章 転職時のQ&A 19

第4章 介護のQ&A …… 109

介護のキホン 110

第5章 病気やケガ、年金のQ&A　145

病気やケガのキホン　146
年金のキホン　147

本書の使い方

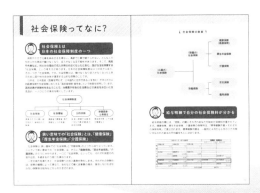

8ページ〜18ページでは、「社会保険」「健康保険」など、はじめに知っておくべき基礎知識がまとめてあります。最初に読んでおくと、各章の理解が深まります。

本書は

転職時 副業 産休・育休 介護 病気やケガ、年金

の5章から構成されています。

各章のはじめに、おさえておきたい基本的なポイントや、手続きなどをまとめてあります。具体的な事例に入る前に確認しておきましょう。

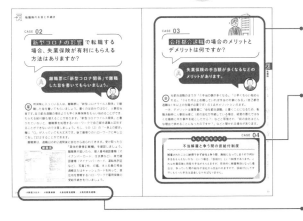

働く人が抱えやすい悩みや疑問に対して、先生が回答・解説しています。

「もっと知りたい！」では関係する事例なども紹介しています。

ページ下のハッシュタグを見ることで、そのページと深く関係しているキーワードを一目で確認することができます。

働くことで出ていくお金

	2023年×月　給与明細書				
勤務	労働日数		欠勤日数		有休日数
		19日		0日	
支給	基本給		役職手当		残業手
		300,000		150,000	
			通勤費		
				10,000	
控除	健康保険		介護保険		厚生年
		24,750		3,925	
	所得税		住民税		
		12,000		20,454	

社会保険 → 健康保険・介護保険・厚生年

税金 → 所得税・住民税

税金は納める義務がある

　国や都道府県、市区町村では、国民が健康で文化的な生活を送るために、治安維持や教育、インフラ整備、福祉・医療など個人ではできないさまざまな仕事をしています。その活動の財源となるのが税金です。さまざまな税金があり、個人や会社には税金を納める義務があります 。

　会社などの従業員の場合、給与から所得税・住民税が天引きされています。個人事業主の場合、確定申告をして納税します。

給与をもらったら	→	所得税
物を買ったら	→	消費税
家を買ったら	→	固定資産税
ガソリンを入れたら	→	ガソリン税

毎月、配られる給与明細。自分が納めている社会保険料や税金の額に驚いたことがある人も多いのではないでしょうか。そもそも、なぜこんなに給与からお金が引かれているのでしょうか。あらためて見ていきましょう。

		●●● ●●●様	
	2023年×月×日支給 株式会社○○		
1日			
50,000			
		支給額合計	
			510,000
	雇用保険	社会保険料	
45,750	2,550		(76,975)
		控除計	
			109,429
引支給額	400,571		

いざというときに使うことになる社会保険

社会保険は日本の社会保障制度の一つであり、病気やケガ、失業、高齢などで働けなくなり生活費が稼げなくなったときのために使われるものです。社会保険は原則、日本に住んでいる人は加入する必要があります。保険料を納めておけば、いざというときにさまざまな社会保険を使うことができます。

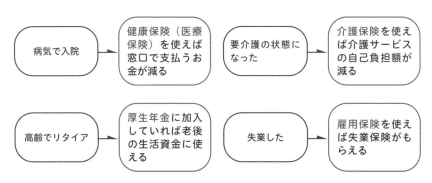

社会保険ってなに?

社会保険とは
日本の社会保障制度の一つ

　病気やケガで仕事を辞めざるを得ない。高齢で仕事が続けられない。どんな人でも何らかの原因で働けなくなり、収入がなくなる可能性があります。そこで、病気や失業など、何らかの理由で収入が得られなくなったときに、国が生活を保障する「社会保障」という考え方があります。日本の社会保障制度は4つの柱から成り、その一つが「社会保険」です。社会保険とは、働けなくなり収入がなくなったときのために国や地方自治体が運営する公的な保険のことです。

　日本は、日本国民（国籍を問わず、日本国内に住所がある人を含む）が何らかの公的医療保険や年金保険に加入する「国民皆保険・皆年金」という制度を採用しています。国民全員が保険料を支払うことで、治療費や老後の生活費などの負担をお互いに支え合い、一人ひとりの負担を軽くしています。

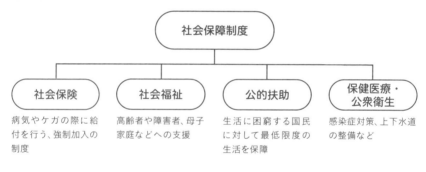

狭い意味での「社会保険」とは、「健康保険」
「厚生年金保険」「介護保険」

　社会保険は、狭い意味での「社会保険」と「労働保険」の2つから成り立っています。ここでいう狭い意味での「社会保険」は、さらに「健康保険」「厚生年金保険」「介護保険」の3つに分かれます。一口に「社会保険」といっても、それぞれ制度の内容や目的、手続きを行う窓口も異なります。

　一定の条件を満たすと、社会保険への加入義務が発生します。それぞれの保険料は、保険の種類によって異なり、会社などで働く従業員の場合、負担しなければならない保険料は給与などから天引きされます。

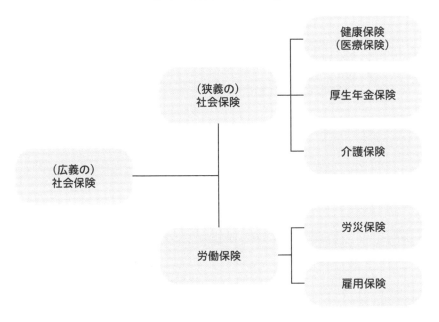

社会保険の制度

(広義の)
社会保険

- (狭義の)社会保険
  - 健康保険（医療保険）
  - 厚生年金保険
  - 介護保険
- 労働保険
  - 労災保険
  - 雇用保険

給与明細で自分の社会保険料が分かる

　給与明細の欄には、「控除」の欄にそれぞれあなたが納めた保険料が書かれています。健康保険、厚生年金保険、介護保険の保険料は、「標準報酬月額×それぞれの保険料率」で算出されます。標準報酬月額は、一般的に4月から6月の3カ月間に支払われた給与の平均額をもとに決まります。

2023年×月　給与明細書				●●● ●●●様	
				2023年×月×日支給　株式会社○○	
勤務	労働日数	欠勤日数	有休日数		
	19日	0日	1日		
支給	基本給	役職手当	残業手当		
	300,000	150,000	50,000		
	通勤費			支給額合計	
	10,000			510,000	
控除	健康保険	介護保険	厚生年金	雇用保険	社会保険料
	24,750	3,925	45,750	2,550	(76,975)
	所得税	住民税		控除計	
	12,000	20,454		109,429	
			差引支給額	400,571	

健康保険・介護保険ってなに?

病院で支払うお金、実は健康保険に入っているから安く済む!

医療機関にかかるとき、窓口で提示する健康保険証。これは健康保険に加入している証明であり、日本では国民全員が公的な医療保険である「健康保険」に加入しなければなりません。職業や年齢によって加入できる保険が異なりますが、どの保険に加入しても医療費は原則3割負担となり、残りは加入している保険から支払われる仕組みとなっています。

75歳になると、健康保険から後期高齢者医療制度に移行し、窓口負担が原則1割となります。

会社員は「協会けんぽ」か「健康保険組合」

会社で働く人は「協会けんぽ」または「健康保険組合」に加入します。どちらも保険料を会社と被保険者で折半しますが、どちらに加入するかは会社の従業員数によって異なります。

健康保険組合のほうが保険料が安く設定されていたり、協会けんぽにはない独自の給付があったりする場合もあります。

	協会けんぽ	健康保険組合
運営者	全国健康保険協会が運営。公的健康保険の一つ。主に中小企業が加入	被保険者700人以上の企業が認可を受けて設立できる。主に大企業が加入
保険料	保険が適用される事業所のある都道府県ごとに保険料率が決定	各組合が個別に保険料を設定

自営業者、無職、一部のパートタイマーは「国民健康保険」

国民健康保険とは、都道府県や市区町村が保険者となって運営する公的な保険制度を指します。会社の健康保険の加入要件を満たさないパートタイマーや、自営業者、無職の人などが加入します。

国民健康保険には事業主負担分がないため、全額を被保険者が負担することになります。この場合の保険料は、被保険者の所得額によって異なります。また、出産手当金や傷病手当金（一部特例を除く）がないことにも注意が必要です。

▌ 健康保険給付金の種類 ▐

	給付	内容
病院で診察を受けたとき	療養の給付	医療費の7割を給付（70歳以上75歳未満は8割、ただし現役並み所得者は7割）
	入院時生活療養費	65歳以上で、入院時の生活療養標準負担額（食事・居住費）を超えた額を給付
	訪問看護療養費	訪問看護サービスの費用の7割を給付（70歳以上75歳未満は8割、ただし現役並み所得者は7割）
病気やケガで仕事を休んだとき	傷病手当金	仕事を休み、収入がないとき、1日ごとに手当を給付（最長1年6カ月）
出産したとき	出産手当金	出産で仕事を休み、収入がないとき、1日ごとに手当を給付（産前42日間、産後56日間）
死亡したとき	埋葬料	亡くなった被保険者により生計を維持されて、埋葬を行う者に「埋葬料」として5万円を支給

40歳からは介護保険にも加入

　介護保険は、要支援や要介護の状態になったとき、その状態に合わせてさまざまな介護サービスを受けることができる制度です。40歳から介護保険料の支払いが始まります。

	第1号被保険者 （65歳以上）	第2号被保険者 （40～64歳）
徴収方法	原則、年金から天引き	**健康保険加入者**…加入している健康保険と合わせて給与から天引き **国民健康保険加入者**…国民健康保険料に上乗せして市区町村に納める
介護サービスを利用するには	原因に関わらず、要支援・要介護の状態になったら	老化に起因する特定の病気で、要支援・要介護になったら

雇用保険ってなに?

雇用保険は労働者の生活や雇用を安定させるためのもの

　広義の社会保険の一つである労働保険は、労災保険と雇用保険で構成されています。雇用保険は、労働者の生活や雇用を安定させるためのものです。退職後だけでなく、育児休業や介護休業などでも雇用保険によってさまざまな給付金が受けられます。

　また、雇用主である事業者にも雇用保険から助成金を出し、雇用の安定や職場環境の改善、従業員の就労意欲の向上を働きかけています。

　一方、労災保険は業務中・通勤中に病気やケガをしたときの医療費などを補償するものです。なお、労災保険と健康保険は同時に使うことができません。不明な点があれば会社や関係窓口に相談しましょう。

雇用保険の保険料は従業員も負担しますが、労災保険は事業主が加入し、保険料も事業主が全額負担します。

仕事がなかなか見つからないそんなときは失業保険をもらおう

　会社を退職した際に受けられるのが「求職者給付」です。このうち、仕事が見つかるまで生活費の心配をせずにすむよう給付されるのが、いわゆる「失業保険」（正式には「基本手当」）です。

　失業保険を受けられる条件は、①退職日以前の2年間において、雇用保険の被保険者期間が通算12カ月以上あること、②退職後いつでも就職可能で、就職しようとする意思があることです。

　失業保険の受給期間は90～360日の間で、雇用保険の被保険者であった期間や離職理由、年齢、雇用形態によって異なります。失業保険を受け取るには、退職の手続き後、ハローワークへの申請が必要です。

　病気やケガ、育児などによってすぐに就職することが難しい場合は、失業保険は受けられません。別の手当を検討しましょう。

▌ 雇用保険による主な給付金 ▐

	給付	内容
求職者給付	基本手当	新しい職場が決まるまでの生活を安定させるために給付
	技能習得手当	公共職業訓練などを受講する際に基本手当とは別に受講手当と交通費を給付
	傷病手当	ハローワークで求職の申し込み後に 15 日以上病気やケガで働けないときに給付
	高年齢求職者給付金	65 歳以上で一定の条件にある人は、被保険者であった期間に応じて基本手当日額の 30 日分または 50 日分を給付
就労促進給付	就業促進手当	**再就職手当**…基本手当の支給日数を 3 分の 1 以上残して就職した人に給付 **就業促進定着手当**…再就職手当の支給を受けて、再就職先に 6 カ月以上雇用されているが、離職前の賃金よりも低い場合に給付 **就業手当**…基本手当の受給資格があるが再就職手当の支給対象とならない雇用形態 (パートタイマーなど) で就業し、基本手当の支給残日数が所定給付日数の 3 分の 1 以上かつ 45 日以上ある場合に給付
	広域求職活動費	ハローワークの紹介で遠隔地にある企業を訪問して面接などを受けた際に、交通費や宿泊料を給付
教育訓練給付	教育訓練給付金	教育訓練受講に支払った費用の一部を支給
雇用継続給付	育児休業給付	1 歳未満の子の養育のために育児休業を取ったことで給料が支給されない、または減額された場合に給付
	介護休業給付	家族の介護のために、仕事を休んだときに給付

年金制度ってなに?

国民年金は日本に住む人全員が加入

　老後や、障害者になったときなど生活が困ったときのために、みんなで支え合うのが「年金」です。この公的年金制度を「国民年金」といいます。基礎年金とも呼ばれ、国籍に関係なく日本に住む20～60歳未満のすべての人が加入しなければなりません。国民年金は、加入者の職業により第1号～第3号の3種類に分かれますが、保険料は、すべての人が同額です。

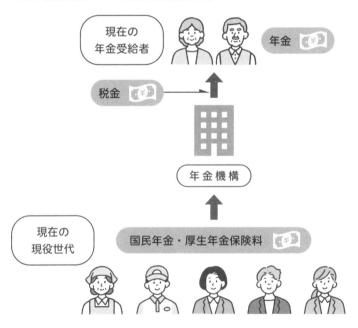

　ポイント　**年金をもらうには**
- **保険料納付期間と保険料免除期間が合計10年以上**
　保険料を40年間納付することで、満額受給できる。
- **65歳から受け取れる**
　生活に合わせて受け取り開始時期を60～75歳までの間から選ぶこともできる。

日本の年金制度は3階建て

　日本の年金制度は3階建て構造となっており、第1～3号被保険者のどれにあたるかで、上乗せできる年金が変わってきます。全員が加入する国民年金を1階部分、職業に応じて上乗せされる厚生年金保険を2階部分とし、層が追加されるごとに給付が上乗せされていきます。

3階	iDeCo （個人型確定拠出年金） 国民年金基金 　（1口目は終身年金、 　2口目はいくつかの 　種類から選んで加入）	iDeCo （個人型確定拠出年金） 企業年金・厚生年金基金・退職等年金給付	iDeCo （個人型確定拠出年金）
2階	付加年金 　（毎月の国民年金保険料に400円上乗せして納める）	厚生年金保険	
1階	国民年金（基礎年金）		
加入者の種類	第1号被保険者 自営業者、第2・3号ではない人	第2号被保険者 会社員・公務員・私立学校の教職員	第3号被保険者 第2号被保険者に扶養されている20歳以上60歳未満の配偶者

年金は自分でも上乗せできる

　国民年金に加え、企業や団体で働く場合に加入するのが厚生年金保険です。厚生年金保険の適用事業所で働くと、国民年金同様、国籍に関係なく加入対象となります。会社員であれば国民年金と厚生年金保険の両方に加入することになりますが、保険料を重複して支払う必要はありません。老齢基礎年金に上乗せして65歳から受け取ることができます。

　さらに、今では企業年金やiDeCoなど公的年金以外の年金も充実してきています。会社員やフリーランスに関わらず、自分で年金を上乗せすることができる時代です。

所得税・住民税ってなに?

収入にかかる税金が所得税と住民税

　1月1日から12月31日までの1年間で所得（収入から必要経費を差し引いた額）があった人は所得税と住民税を納める必要があります。所得税は国に、住民税は都道府県と市区町村に納めます。

所得税は所得が高いほど多く納める

　所得税は、課税所得が多いほど税率が高くなる「累進課税」で、所得の高い人ほど税負担が重くなる仕組みになっています。

┌─────────────────────┐
│ 所得税額＝課税所得額×税率ー控除額 │
└─────────────────────┘
┌──────────────┐
│ 所得金額ー所得控除 │
└──────────────┘

　ただし、「扶養控除」などいくつかの所得控除があり、控除額が増えると課税所得が減るので、所得税も安くなります。

課税所得金額	税率
194万9000円まで	5%
195万円から329万9000円まで	10%
330万円から694万9000円まで	20%
695万円から899万9000円まで	23%
900万円から1799万9000円まで	33%
1800万円から3999万9000円まで	40%
4000万円以上	45%

※ 1000円未満の端数金額を切り捨てた後の金額。

住民税は所得割と均等割を合わせたもの

　「所得割」とは所得に応じて割り出された負担のことで、「均等割」とは所得とは関係なく定額の負担のことです。住民税は、1月1日から12月31日までの所得に応じて決まった額を翌年の6月から納めることになります。なお、所得割額は保育料の算出にも使用されます。

┌──┐
│ 住民税額＝課税所得額※1×所得割10%＋均等割※25000円 │
└──┘

┌──────────────────────┐　　　┌────────────────────────┐
│ 道府県民税4%＋市町村民税6%※3 │　　　│ 道府県民税1500円＋市町村民税3500円※3 │
└──────────────────────┘　　　└────────────────────────┘

※ 1…所得税と住民税では所得控除の金額が異なるため、課税所得額も異なる。
※ 2…従来は4000円だが、2023年度までは復興財源としてそれぞれ500円加算される。
※ 3…自治体により異なる場合がある。

第 1 章

転職時の
の
Q&A

こんな人に関係あります

- ☑ 転職したいと考えている被雇用者
- ☑ 転職先が決まった被雇用者
- ☑ 退職を考えている被雇用者
- ☑ 失業保険をもらっている人

退職、転職時にきちんと手続きをしておくことで、より多くのお金をもらえたり、支出を減らすことができます。

蓑田先生

｛ 転職時 の キホン ｝

退職の意思が決まったら、一番近い上司にそれを伝えましょう。退職の申し出は、法令上では 2 週間前までと定められていますが、 2 カ月前〜 1 カ月前までに申し出るのが一般的です。

企業は、退職届を受理したら、離職票や源泉徴収票を準備します。

正社員

契約社員

パートタイマー

企業

POINT 1

退職時に会社に返却するもの、受け取るもの

退職が承諾されたら、退職届を提出し、業務の引き継ぎなどを行います。退職時には、会社に書類などを返却し、会社から退職に関する書類などを受け取ります。

会社に返却するものの一例

- ☑ 社員証、入館証など　　☑ 名刺　　☑ 健康保険被保険者証
- ☑ 業務上の備品や書類、データ
- ☑ 定期券の有効期間満了日までの期間に相当する部分の、交通費

会社から受け取るもの

- ☑ 離職票…退職理由が記されている、雇用保険の受給に必要な書類
- ☑ 源泉徴収票…支払われた給与の総額と、給与から差し引いた所得税額（事業者が従業員に代わって納税するため）が記された書類

POINT **2**

会社都合退職と自己都合退職がある

　会社の業績悪化や人員整理など、会社側の事情で退職する場合は、離職票に記される退職理由が「会社都合退職」となります。この場合、失業保険が早くもらえるなど退職後の手続きなどにも影響が出てきますので、離職票が手元に届いたら必ず確認しておきましょう。気になる点があれば、居住地を管轄するハローワークで相談してください。

事業所が廃止されて仕事を続けられなくなりました… → **会社都合**

スキルアップのために大学院に通うことにしました。 → **自己都合**

POINT **3**

退職したら保険料の支払いに注意

　退職後に転職先を探す場合は、転職するまでの間は会社で加入していた健康保険が使えなくなるため、何らかの健康保険に加入する必要があります。未加入の間は医療費が全額自己負担となるため、早めに手続きをするようにしましょう。ほかにも、会社が行っていた年金や住民税などの支払いも自分で行う必要がありますので、事前に確認しておきましょう。

やること	内容
健康保険の変更	①国民健康保険へ加入する ②企業在籍時の健康保険を継続する ③家族が加入する健康保険の被扶養者となる
国民年金の変更	①第1号の被保険者となる ②扶養に入り第3号被保険者となる
住民税の支払い	退職時期に合わせて、支払い手続きを行う

申請すれば、企業在籍時の健康保険に最長2年加入することができます。ただし、退職日翌日から20日以内に手続きをする必要があります。また、これまで事業主と折半していた保険料が全額自己負担となりますので、どの健康保険に加入するのが支払いの負担が少ないか検討しましょう。

転職時

副業

産休・育休

介護

病気やケガ、年金

ハローワークを活用しよう

　ハローワークは雇用保険加入の有無に関わらず、だれでも利用できる公共機関です。全国にあり、条件にあった転職先を探すことができるほか、履歴書の作成支援や面接指導などの相談窓口もあります。

職業紹介

窓口やインターネットで「求職申し込み手続き」をすることで、職業紹介、応募書類の作成のアドバイスなどを受けられる

雇用保険の手続き

失業保険、育児休業給付金など雇用保険関係の手続きを行うことができる

職業訓練

生産、介護、事務などさまざまな公共職業訓練を案内しており、条件を満たせば申し込みができる

雇用対策

若者、高齢者、障害者、外国人など専用の相談窓口を設け、一人ひとりの状況に応じたサポートを受けられる

失業保険をもらうには条件がある

　自己都合退職で、雇用保険の被保険者だった期間が通算して12カ月以上ある場合、新しい就職先が見つかるまでの間、失業保険（雇用保険の基本手当）を受け取ることができます。失業保険を受け取るには、居住地を管轄するハローワークで失業認定を受ける必要があります。

初回の手続き

事業主
（総務部、管理部など）

ハローワークに雇用保険の資格喪失手続きを行い、離職票を従業員へ郵送

従業員
（被保険者本人）

離職票を提出

ハローワーク

受給資格の決定

失業保険がもらえるのは65歳未満です。65歳以上は「高年齢求職者給付金」という制度があります。こちらもハローワークでの手続きが必要です。

失業認定は約4週間ごとに行われ、失業認定日にハローワークへ行って1カ月間の求職状況の確認や、失業期間中にパートタイマーなどで働いている場合に得た収入を報告します。

失業の認定（約4週間に1回）

求職活動など
を報告

従業員
（被保険者本人）

ハローワーク

求職活動をしていると認められれば失業保険の振込

求職活動として認められるもの

- ☑ 求人への応募
- ☑ ハローワークや許可・届け出のある民間業者、公的機関などが行う職業相談、職業紹介、講習・セミナーの受講
- ☑ 再就職に関係する各種国家試験、検定などの試験　など

自己都合で退職した場合はハローワークで失業保険の手続きをしてから7日の待期期間があり、さらにその後2カ月間、給付はありません。一方、会社都合の場合は2カ月の給付制限期間はなく、失業の認定後から7日間の待期期間を経れば、失業保険を受け取ることができます。

自己都合で退職した場合

| 離職票の提出 | 雇用保険受給説明会 | 失業認定日（第1回） | 失業認定日（第2回） | 振込（1回目） | 失業認定日（第3回） |

| 待期期間7日間 | 給付制限原則2カ月間 | 給付開始 |

会社都合で退職した場合

| 離職票の提出 | 雇用保険受給説明会 | 失業認定日（第1回） | 振込（1回目） | 失業認定日（第2回） | 振込（2回目） |

| 待期期間7日間 | 給付開始 |

支給額

基本手当日額（1日あたりの手当）＝退職前の賃金日額[※1] × 50 〜 80%[※2]

※1…原則として離職した日の直前の6カ月に毎月決まって支払われた賃金の合計を180で割った金額。
※2…60歳〜64歳については45〜80%。

CASE **02**

新型コロナの影響 で転職する場合、失業保険が有利にもらえる方法はありますか?

A **離職票に「新型コロナ関係」で離職した旨を書いてもらいましょう。**

雇 用保険に入っている人は、離職票に「新型コロナウイルス関係」で離職した旨を書いてもらいましょう。書くのは自分ではなく、人事担当者です。自己都合退職の場合よりも早く失業保険をもらい始めることができ、もらえる給付額も増えることがあります。「新型コロナウイルス関係」と書かれていないと、離職票を処理するハローワークで自己都合退職と区別することができないので注意しましょう。もし、5の(2)の「一身上の都合」欄に「〇」が入っていても大丈夫です。あとで居住地を管轄するハローワークに申し立てをして訂正することができます。

離職票は、退職日の約2週間後に会社から送られてきます。受け取ったら

離職票

「具体的事情記載欄」を確認しましょう。離職票が届いたら、個人番号確認書類（マイナンバーカード、住民票など）、身元確認書類（マイナンバーカード、運転免許証など）、写真2枚、印鑑、本人名義の預金通帳またはキャッシュカードを持って、居住地を管轄するハローワークで雇用保険の受給手続きを行いましょう。

CASE **03**

会社都合退職 の場合のメリットと デメリットは何ですか?

A 失業保険の手当額が多くなるなどの メリットがあります。

会 社都合退職のほうが「①手当の額が多くなる」、「②早くもらい始められる」、「③6カ月以上在籍していれば手当の対象になる」(自己都合退職は1年以上の在籍が必要です)の3点がメリットといえます。

　一方、デメリットは履歴書に「会社都合退職」と書くことになるため、転職活動時に人事担当者に(前の会社が存続している場合、経営の悪化ではなく在籍時に何か事件を起こしたから?)などと邪推され、「前の会社はどんな理由で辞めることになったのですか?」などと聞かれる場合があります。

CASE **04**

もっと知りたい!

不当解雇と争う間の仮給付制度

解雇されたことに納得できず会社と争う間、無給になってしまうので何か手当をもらえないかな…という場合、「仮給付」という制度があります。これは失業保険と同等の手当がもらえますが、将来的に解雇無効となった場合は、争っていた間の給与が会社から支払われますので、仮給付としてすでにもらった手当は返金しなければなりません。

CASE 05

どのような辞め方をすれば 国民健康保険料 が安くなりますか?

 解雇や退職勧奨で辞めた場合は安くなります。

ハローワークで発行された雇用保険受給資格者証または雇用保険受給資格通知の離職理由が一定の離職理由コード（例えば解雇）として付番されると保険料が安くなります。離職理由コードが該当していれば、実際の所得に30％をかけた額を「所得」とみなして、離職日の翌日の年度と、翌年度の保険料が計算されます。この制度は65歳未満の人を対象とする市区町村が多いです。

CASE 06

もっと知りたい！

失業保険の給付開始は遅らせることができます

定年退職後に長期間の旅行に行きたいと考え、旅行から帰ってきた後にまた就職活動をしたいという場合、その間失業保険はもらえるのでしょうか？この場合、受給開始を延期するという方法があります。定年退職後2カ月以内にハローワークで手続きをすれば、最大1年間は失業保険の受給開始を延長できます。「旅行から帰って手続きをしようとしたら失業保険をもらえる期間がほとんどなかった」という状況を回避できますよ。もちろん、旅行前に受給手続きをすることはできません。

#健康保険　#離職理由　#失業保険　#傷病手当

CASE **07**

病気 をして転職活動が難しい場合、失業保険はもらえますか?

（A）「傷病手当」という給付制度を利用しましょう。

（失）業保険は、仕事を辞めて次の再就職先が見つかるまでの就職活動期間中の収入をカバーする保険です。そのため、医師の意見など諸条件を考慮して「病気やケガによって働けない状態である」とハローワークが判断したら失業保険はもらえません。しかし、雇用保険制度には「傷病手当」という給付制度があります。これは「失業保険に代わって」給付がもらえるという制度です。ポイントは①ハローワークに申し込みをする前に、すでに働けない状態の場合はもらえないこと（申し込んだ後はOK）、②病気やケガが理由で継続して15日以上働けない場合にもらえること、です。もちろん、傷病手当と失業保険を両方同時にもらうことはできません。

CASE **08**

もっと知りたい！

体調不良で辞めた場合

体調不良が原因で仕事を辞めた場合でも、病気やケガを治してまた働けるようになることを目的とした「療養のための退職」であれば、3カ月を待たずに失業保険がもらえます。もし、会社に辞める理由をきちんと伝えることができず、離職票に「自己都合退職」や「一身上の都合」と書かれても、居住地を管轄するハローワークで訂正できるので安心してくださいね。

CASE **09**

夫の 転勤についていく かたちで退職します。失業保険が早くもらえるかもしれないと聞いたのですが本当ですか?

 A **通勤時間によっては、2カ月の制限期間なくもらえます。**

転 居先からの通勤が片道2時間を超え、通勤できず退職せざるを得なかったような場合、2カ月の給付制限期間がありませんのでご理解の通り早くもらえますが、「特定理由離職者」と認定された場合が対象です。その認定を受けるためにはハローワークで聞き取りが行われます。例えば、「転勤に伴って退職せざるを得なかった人が実際に勤務していた会社の住所」、「通勤して続けた場合の、業務開始に間に合う出勤時間」などを聞かれます。必要に応じて、住民票や配偶者の転勤辞令書などの提出を求められることもあります。

IターンやUターンでの転職 を した場合、転居費用などは負担して もらえるのでしょうか?

A 負担してもらえる場合があります。

 ローワークが紹介した就職先に転職するのに転居が必要な場合は、「移転費」という手当をもらえる可能性があります。失業保険を受給中の人が次のどれかにあてはまれば、本人と家族が転居のために必要な費用を負担してもらえます。

①転職先が通常の交通機関を利用して往復4時間以上かかる場合。

②転職先が交通機関の便が悪く、通勤にいちじるしい障害がある場合。

③転職先の事業主の求めによって移転を余儀なくされた場合。

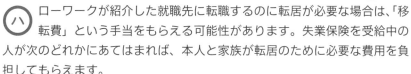

▌ 移転費の対象と目安 ▌

種類	内容
交通費が出る移動手段	鉄道運賃(電車、新幹線) 船賃(フェリーなど) 航空運賃(飛行機) 自動車運賃(バスなど)
移転料が出る距離	引っ越しした距離や、家族と一緒か単身かによって金額が違う。明確な基準はないが、おおよその目安は下記の通り(単身の場合は下記の半額)。 ・50km未満…9万円程度 ・50km〜100km未満…10万円程度 ・100km〜300km未満…13万円程度
着後手当	家族と一緒の場合…76,000円 (単身の場合は半額)

移転費は旧居住地から新居住地までの順路によって計算されます。申請は新居住地の管轄のハローワークで行います。申請は移転した日の翌日から1カ月間に限られていますので、移転後早めに申請しましょう。

転職時

副業

産休・育休

介護

病気やケガ、年金

CASE **11**

失業保険をもらっています。A社の面接を受けることになりましたが次回の 失業認定日とブッキング してしまいました。失業保険はもらえなくなりますか？

 A 失業認定日を変更できるので大丈夫です。

失業認定日とは、ハローワークで失業している状態かどうかを確認してもらう日です。次の理由であれば失業認定日を変更できます。

①就職したときや、働いたとき

②面接などの採用試験を受けるとき

③国家試験や検定試験を受けるとき

④親族の看護、葬儀、法事のとき

⑤本人の結婚、親族の結婚式へ出席するとき

⑥病気やケガをしたとき

事前に居住地を管轄するハローワークに連絡をして手続きの説明を受けましょう。突発的に④や⑥の事態が起こった場合は、まずハローワークに電話などで連絡をして、認定日を変更する相談をしましょう。証明する書類（例えば②の場合は面接を受けた会社に書いてもらう面接証明書など）も必要になります。①や②のあとで次の認定日までに入社することになった場合は、入社日の前日までにハローワークに採用（内定）証明書を提出しましょう。

CASE **12**

失業保険をもらっていますが、アルバイトをして収入を得ようと思います。どれくらい働くと 失業保険に影響 しますか?

Ⓐ 1日4時間以上の労働や、得た金額によって減額となります。

 業状態かどうかは「1日の労働時間4時間」を起点に判断します。4時間以上働くと失業認定が先送りになってしまい、その間は失業保険がもらえません。また、働いている時間が1日4時間未満であっても、失業保険の基本手当の日額の約80%を超えて収入を得てしまうと、失業保険をもらえなくなります。

　基本的に失業保険を受け取れる期間は1年間ですから、何度も先送りになることで、そのうちにもらえる期間が終わってしまうなどということもあり得ますので注意しましょう。

▌ アルバイト収入による失業保険への影響 ▌

(失業保険の基本手当の日額[※1]) ＋ (アルバイトなどでの1日分の収入額) － (控除額[※2])

この額が「前職での賃金日額[※3]」の80%」より多い場合、超えた分の金額が失業保険の基本手当の日額から減額されます。

※1…失業保険の基本手当の日額は年齢や前職の給与所得の金額によって算出される。
※2…控除額は1,310円(2023年2月)
※3…6カ月分の賃金の総支給額を180日で割ったもの。

31

CASE **13**

失業保険をもらいながら 簡単なアルバイト をしました。 失業保険はどうなりますか?

Ⓐ 失業保険はもらえませんが、 「就業手当」がもらえます。

 定した就職ではなく「再就職手当」の対象とならないような場合で、失業保険の支給残日数が所定給付日数の3分の1以上かつ45日以上ある場合、「就業手当」の対象となります。受給条件を満たしたら、失業認定日にハローワークで就業手当支給申請書、雇用保険受給資格者証、アルバイトをしていることが証明できる書類（給与明細など）を提出しましょう。申請からおよそ1週間で指定の口座に振り込まれます。

　辞めた会社に「出戻り」する場合や、失業保険の手続きをして7日間の待期期間中に就業した場合は対象外です。もらえる額は失業保険の日額×30%×働いた日数です。「就業手当」をもらった日数分については、失業保険はもらえません。

❚ 就業手当 ❚

(失業保険の日額) ✕ (30%) ✕ (働いた日数)

CASE **14**

失業保険をもらっています。
不動産投資で利益 が出たのですが、
申告は必要ですか?

Ⓐ 通常は対象外なので
申告は不要です。

 業保険の減額対象は、「働いたことによる対価」です。雇用されたことで生まれた給与や、起業して得た収入はこれにあてはまりますね。しかし、投資での収入は「働いたことによる対価」ではありませんので、通常は調整の対象外になります。これは株取引や懸賞で得た収入も同じ理屈です。ただ、不動産投資に関しては、部屋数によっては「不動産投資業」とみなされることがありますので、ハローワークに確認しておいたほうが無難です。趣味の延長ということであれば「働いたことによる対価」ではありませんので、調整の対象にはなりませんよ。

CASE **15**

自己都合退職で退職後、失業保険 をもらいながら 配偶者の会社の 健康保険の扶養 に入れますか?

 Ａ 失業保険の待期期間や給付制限期間、失業保険をもらい終えたあとなら入れます。

待期期間（7日間）と給付制限期間（自己都合退職の場合は原則2カ月間）は失業保険をもらえませんので、その間は入れます。

日額3,612円以上の失業保険をもらっている場合は配偶者の会社の健康保険に入ることはできません。言い換えると3,612円以上の失業保険をもらえそうでも、現実にもらえない期間（もらう前までの期間ともらい終わったあとの期間）は入れるということです。扶養から外れている期間は国民健康保険です。配偶者の会社の健康保険の保険証をつい使ってしまうことがあるので注意しましょうね。

▌ 配偶者の会社の健康保険の扶養に入れる期間 ▐

待期期間は「離職票の提出と求職の申し込みをした日（受給資格決定日）から7日間」となります。

CASE **16**

再就職するために 通信教育で 資格を取ろう と思います。 何か手当はもらえますか?

Ⓐ 教育訓練給付金があります。

 就職するために、厚生労働大臣の指定を受けた講座を受け、かつ、修了した場合に、講座に支払った費用の一部をもらえる「教育訓練給付制度」があります。英語検定や簿記検定などの「一般教育訓練」であれば、支払った費用の2割(上限10万円)がもらえます。

在職中または退職後1年以内であること、今までに教育訓練給付制度を受けたことがないこと、雇用保険の加入期間が1年以上あれば申請できますよ。また、この制度を利用したことがあっても、前回の受講開始日以降、雇用保険の加入期間が3年以上あればまた申請することができます。この制度は、条件を満たせばパートタイマーの人も利用できます。

なお、看護師など専門性の高い資格をめざす場合は「専門実践教育訓練」「特定一般教育訓練」となり、給付の上限額も引き上げられます。CASE **41** も参照してください。

▌ 教育訓練給付金を受けるまで ▌

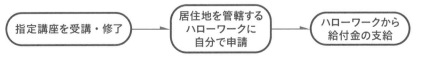

指定講座を受講・修了 → 居住地を管轄する ハローワークに 自分で申請 → ハローワークから 給付金の支給

転職時

訓業

産休・育休

介護

病気やケガ、年金

CASE **17**

雇用保険に入っていなかった ので教育訓練給付制度を使えません。転職にあたってスキルを身につけたいですが、何か給付制度はありませんか?

Ⓐ 月10万円をもらいながら職業訓練を受けられる制度があります。

前 職で雇用保険に入っていなかった人、かなり昔に雇用保険に入っていたが今は入っていない人、雇用保険に入れないフリーランスや自営業をしてきたが廃業した人。このような人は「求職者支援制度」を利用しましょう。月に10万円の生活支援を受けながら無料の職業訓練を受講できます。事務、IT、介護、デザインなどさまざまなコースが用意されています。給付金をもらうには本人の収入が月8万円以下などの条件がありますが、給付金をもらわずに無料の職業訓練だけを受けることもできます。一度ハローワークに相談してみましょう。

教育訓練給付制度と求職者支援制度　　→ Yes　→ No

教育訓練の受講開始日時点で、在職中であり、雇用保険に加入している

今までに教育訓練給付金を受けたことがない

退職してから1年以内である
(出産、疾病などの理由により適用対象期間の延長を行った場合は最大20年以内)

雇用保険の加入期間が1年以上ある

前回の受講開始日以降、雇用保険の加入期間が3年以上ある

求職者支援制度
*退職してから1年以内で、教育訓練給付金をもらうために必要な雇用保険の加入期間が不足している人も利用できる。

教育訓練給付金がもらえる
*2014年10月1日以降に給付を受けている場合、前回の支給日から今回の受講開始日までに3年以上経過していなければならない。

教育訓練給付金がもらえない

36　#失業保険　#求職者支援制度　#公共職業訓練　#教育訓練給付金

CASE **18**

失業保険が追加でもらえる のは どんな場合ですか？

A 公共職業訓練を受講した場合が あてはまります。

 公共職業訓練を受講すると、4つのメリットがあります。

① 失業保険を早くもらい始めることができる。

② 失業保険をもらえる期間が延長される。

③ 受講手当や交通費がもらえる。

④ 転職先を紹介してもらえることがある。

　①自己都合退職の場合、失業保険をもらえるまでに通常2カ月以上かかりますが、その期間がなくなります。②訓練を修了するまでの間、通常1年間の失業保険をもらえる期間が、訓練終了まで（最長2年）延長されます。③「技能習得手当」があり、受講にかかる手当や交通費がもらえます。④講座を修了した場合、身につけた技能を活かせる転職先を紹介してもらえることがありますよ。

CASE **19**

もっと知りたい！

専門学校に通って給付がもらえる場合も

退職後、スキルを身につけるためにお金を出して専門学校に通うこともあるでしょう。その場合、再就職活動をしているわけではないので、失業保険はもらえないのでしょうか？　夜間や通信制の場合は学業と並行しながら再就職活動もできなくはないので、失業保険が認められる場合があります。仮に認められない場合でも、厚生労働大臣の指定する機関（専門学校も含まれます）で研さんを積めば、教育訓練給付金がもらえますよ。

転職時

副業

産休・育休

介護

病気やケガ、年金

CASE **20**

失業保険を受けながら、転職時に
有利になるように何か 資格や技能 を
身につけようと思います。
国から補助はありますか?

Ⓐ 技能習得手当という、失業保険とは
別にもらえる手当があります。

 業保険をもらっている期間に公共職業訓練を受けると、技能習得手当
として「受講手当」と「通所手当」がもらえます。訓練が受けられる
コースは多種多様で、パソコンの使い方や溶接、CADなどの、スキルを身
につけることができます。期間は3カ月から2年で、それぞれ開講前に募集
がかけられます。

「受講手当」は日額500円×訓練を受けた日数で計算されます(上限は40
日分で20,000円)。そして、訓練を受ける施設に通うための交通費「通所
手当」が月額42,500円を上限にもらえます(月の途中から開講したり、休
んだ日がある月は日割り計算で減額されます)。

技能習得手当はハローワークの窓口で申請すると失業保険と一緒にもらえ
ます。ただし、訓練の受講料は無料でも、テキスト代などは自己負担となる
ことが多いので注意しましょう。

▌ 技能習得手当 ▐

失業保険 + 受講手当 日額500円 × 訓練日数
（上限額は20,000円）
+
通所手当 交通費
（1カ月の上限額は42,500円）

#失業保険 #技能習得手当 #再就職手当

CASE **21**

失業保険をもらいきる前に再就職することになりました。失業保険は捨てることになるのですか?

Ⓐ **失業保険の代わりに再就職手当がもらえます。**

 業状態ではなくなるので「失業保険」をもらい続けることはできませんが、「再就職手当」というかたちで手当をもらうことができます。失業保険の残日数が3分の1以上残っている場合は、失業保険としてもらえた額の約60%〜70%を再就職手当としてもらえます。そして、早く就職したほうがもらえる額はより大きくなります。「雇用契約上、1年を超えて雇用される」、「安定した職業」に就いたことが条件です。アルバイトや個人で事業を始めるケースでも対象となりますよ（CASE **23**参照）。

▌ 再就職手当の支給（金額） ▌

● 支給残日数が3分の2以上…基本手当の日額の70%×残日数
● 支給残日数が3分の1以上…基本手当の日額の60%×残日数

 前職で月給30万円だった33歳の人が会社都合で退職し、70日残して再就職した場合の計算

基本手当日額 約5,971円
給付日数　　　180日 ➡

(約3,582円) × (70日) = (約250,740円)
(基本手当日額の60%)　　(残日数)　　　　　(支給額)

転職時

副業

産休・育休

介護

病気やケガ、年金

CASE **22**

再就職するにあたって、 再就職手当をもらえない ケース はありますか?

 いくつかあてはまるケースがあります。

元 々いた職場に戻る場合、いわゆる「出戻り」は再就職の際の労力がか からないことも少なくありませんので、再就職手当はもらえません。 また、失業保険をもらい始める前の7日間の待期期間中での再就職(例えば ある月の末日に辞めて翌日からすぐに働く)ケースも再就職手当の対象外で す。ほかには、待期期間(7日間)が経過したあと、1カ月以内に再就職す る場合は、ハローワークや職業紹介事業者の紹介によって就職した場合でな ければもらえません。

▌ 再就職手当の支給(期間) ▌

例 自己都合退職(給付日数90日)の場合

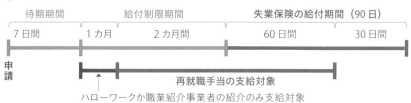

待期期間	給付制限期間		失業保険の給付期間(90日)	
7日間	1カ月	2カ月間	60日間	30日間

申請

再就職手当の支給対象

↑ ハローワークか職業紹介事業者の紹介のみ支給対象

　#再就職手当　#個人事業主

個人事業主になると、いつ 再就職手当 をもらえるのですか?

 A 申請後、40日程度でもらえます。

失業保険の待期期間7日+給付制限期間(原則2カ月)のはじめの1カ月経過後に開業届を出した場合が再就職手当の対象となります。申請時期にもよりますが、再就職手当の申請をしてからは、1カ月+1週間程度で指定した口座に振り込まれます。

申請後には、ハローワークから事業が行われているかの確認などが行われます。開業届の提出先は税務署で、再就職手当支給申請書の提出先はハローワークですので間違えないように注意しましょう。開業届を出してハローワークに申告せずに失業手当を受け取り続けた場合は不正受給となり、全額返金などが命じられます。

◤ 再就職手当(開業した場合) ◢

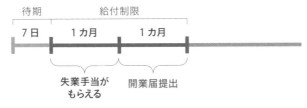

自己都合退職の場合は、給付制限期間中は失業保険がもらえません。給付制限期間のない特定理由や特定受給資格者の場合はもらえます。

CASE **24**

個人事業主には 退職金がありません 。何か補填（ほてん） されるような制度はありますか?

 A 小規模企業共済制度を 利用しましょう。

小規模企業共済制度は、従業員が20人以下の個人事業主や小規模な企業の役員のための積み立て式の退職金制度です。メリットは退職金だけにとどまらず、掛金は全額を所得控除できますので、将来への備えもしながら高い節税効果があります。

　毎月の掛金は1,000円〜70,000円まで500円単位で自由に設定できて、途中で増減額もOKです。退職や廃業するときに受け取れて、「一括」、「分割」、「一括と分割の併用」から受け取り方が選べ、節税メリットもあります。申し込みは最寄りの商工会議所ででき、全国で約159万人が加入していますよ。相談は運営主体である独立行政法人中小企業基盤整備機構でできます。

▲ 小規模企業共済制度の共済金の受け取り方 ▲

種類	内容
一括受け取り	退職所得扱いとなり、加入年数に応じて控除額が増える。
分割受け取り	公的年金などの雑所得扱いとなり、公的年金と同じ扱いとなる。

失業して子供が 保育園を退園 になりました。転職活動の面接のため一時保育を利用したいのですが補助はありますか?

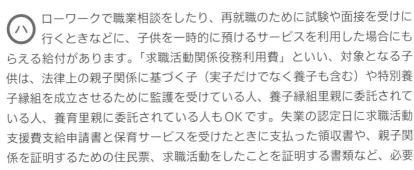

A 雇用保険から、利用した保育サービスの費用の一部がもらえます。

 ローワークで職業相談をしたり、再就職のために試験や面接を受けに行くときなどに、子供を一時的に預けるサービスを利用した場合にもらえる給付があります。「求職活動関係役務利用費」といい、対象となる子供は、法律上の親子関係に基づく子（実子だけでなく養子も含む）や特別養子縁組を成立させるために監護を受けている人、養子縁組里親に委託されている人、養育里親に委託されている人もOKです。失業の認定日に求職活動支援費支給申請書と保育サービスを受けたときに支払った領収書や、親子関係を証明するための住民票、求職活動をしたことを証明する書類など、必要書類を居住地を管轄するハローワークに提出しましょう。申請後、1カ月程度で指定の口座に振り込まれます。あまり知られていない制度ですので、ぜひ活用しましょうね。

CASE **26**

遠方の会社から面接の機会をいただきました。 交通費 などがもらえる制度はありますか?

Ⓐ **交通費や宿泊料がもらえる場合があります。**

 ローワークの紹介であれば、「広域求職活動費」として、交通費だけでなく、宿泊料も対象となります。もらえる額は、失業保険の手続きを行っているハローワークの所在地から、訪問する会社の所在地を管轄するハローワークの所在地までの順路を、通常使うであろう経路を想定して運賃などが計算されます。遠隔地にある求人という前提ですので、200km以上離れている場合を想定しています。宿泊料は、鉄道などの距離が400km以上ある場合が対象で、訪問する会社の数に応じて金額が変わります。ハローワークで「広域求職活動指示書」と「広域求職活動面接等訪問証明書」が交付されます。面接を受けた会社で上記証明書に記入してもらい、活動日の翌日から10日以内に失業保険の手続きを行っているハローワークに申請しましょう。

◣ 広域就職活動費がもらえる場合 ◥

失業保険の手続きを
行うハローワーク　→　訪問する会社の所在地を
管轄するハローワーク

200km 以上

CASE **27**

転職活動中の健康保険 はどうするのがよいですか?

Ⓐ ①国保、②任意継続、③扶養に入る、の3択です。

 職後は固定的収入が減るのが一般的ですので、保険料の高低で判断される人が多いですね。①の国保は前年の1月〜12月の所得、②の任意継続は退職時の標準報酬月額で決まります。また、扶養してくれる人（例えば会社員の配偶者や会社員の親や子）がいる場合、転職活動中に限って③の配偶者や親や子の会社の健康保険の扶養に入ることを選ぶのが一般的です。なぜなら保険料がかからないからです。誤解がある部分で、配偶者の扶養に入る場合は、国民年金の保険料も払う必要はないですが、配偶者でない人（例えば親や子）の扶養に入る場合は国民年金の保険料を払わなければなりません。

▌ 退職後の健康保険 ▌

	①国民健康保険	②任意継続被保険者	③健康保険被扶養者
加入資格	退職日の翌日から加入義務発生	資格喪失日の前日まで継続して2カ月以上	年収130万円未満（60歳以上・障害者は180万円未満）
加入期間	原則75歳まで（75歳以上は後期高齢者医療制度）	退職日の翌日から2年間	原則75歳まで（75歳以上は後期高齢者医療制度）
保険料	前年の所得など（退職理由により軽減有）	全額自己負担	不要
手続期限	退職日の翌日から14日以内	資格喪失日から20日以内	速やかに（原則は5日以内）
手続先	市区町村	管轄の協会けんぽまたは健保組合	加入する組合（事業主経由）
医療費の窓口負担		入退院共に原則3割負担	

CASE 28

退職後の健康保険で、 保険料が安い のは国保と任意継続 のどちらですか?

 2年目は国保のほうが安い可能性 があります。

保は前年の1月〜12月の所得を基準に保険料が決まります。それに対して任意継続は、退職時の標準報酬月額に保険料率をかけて算出されます。

任意継続のポイントは、在職中は会社が保険料の半分を払ってくれていましたが、退職後は全額自分で払わなければならないことです。任意継続の期間は2年間で、保険料はその間原則変わりません。退職後は在職中よりも所得が少なくなっていると思われますので、2年目は国保のほうが安くなることがありますね。

健康保険の保険料

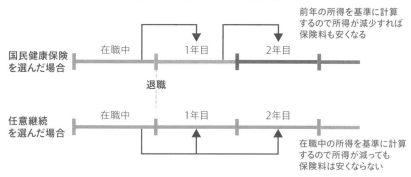

CASE **29**

前の会社で 企業年金 をやっていましたが、転職先にはありません。何か手続きをしないと損失が発生しますか?

A iDeCoなどに移行する手続きをしましょう。

企業年金とは、会社が社員に年金を支給する制度です。原則60歳まで年金資産を引き出すことはできません。転職先に企業年金がある場合は、これまで積み立ててきた年金資産を転職先に移換することができます。しかし、企業年金の制度がない会社に転職した場合、6カ月放っておくと、自動移換といって企業年金の原資が国(国民年金基金連合会)へ自動的に移され、資産運用ができないだけでなく、管理手数料が引かれ続けます。そして、その間は加入期間としても通算されなくなります。そのような事態を防ぐために、金融機関でiDeCoなどに移行する手続きをしましょう。一番怖いのは、加入期間が通算されないので60歳からもらえないということや、予定していた資産が大幅に減ってしまうといったことです。損失を防ぐためにも、しっかり管理しましょう。

企業年金の自動移換

金融期間(運営管理機構)で移行手続き

CASE **30**

雇用保険料はいつまで 給与天引き されますか?

前の会社の給与明細を見ると社会保険料は引かれていないのに雇用保険料が引かれています。

 給与があれば引かれます。

社 会保険料はその月の保険料を翌月の給与から引くという考え方ですが、雇用保険料は給与があればその都度引くという考え方です。つまり、退職後であってもその月に給与があれば引かれるということになりますね。これは在職中よりもむしろ"退職後"に雇用保険を活用することが多いと考えると納得できるのではないでしょうか。

　会社に入ってその月から給料をもらえる場合、一般的には、社会保険料は翌月以降から引かれますが、雇用保険料だけは当月から引かれているはずです。ちなみに、この会社を退職するとき、在職中の最後の給与時に社会保険料を2カ月分引くことも可能となっています。2カ月分引かない場合、あるいは欠勤が多すぎて引けない場合、会社宛てに振り込むことになるか、現金を持参して支払うなどの対応が一般的です。

CASE **31**

住民税 は転職後の会社で給与から 天引きしてもらうことはできますか?

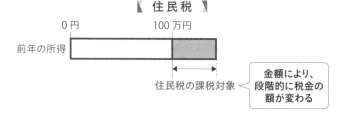

Ⓐ できますが、タイミングに注意です。

 民税は、前年の所得が100万円（お住まいの自治体によって金額が異なります）を超えると6月から翌年5月にかけて支払うことになります。なお、この100万円には非課税所得である「通勤手当」は含まれません。住民税は通知されるタイミングによっては「もうすぐ納期限」ということもありますので一旦ご自身で納めていただき、残りの期間を給与天引きに切り替えるというケースが一般的です。自分で納める場合、金額が大きいとコンビニでは取り扱いができなくて、銀行でなければ支払えないということがありますので気をつけましょうね。

❚ 住民税 ❚

	0円	100万円
前年の所得		

住民税の課税対象 ← 金額により、段階的に税金の額が変わる

転職時

副業

産休・育休

介護

病気やケガ、年金

CASE 32

転職先として検討している会社は 固定残業代 があるようです。固定残業代について、どんな点を確認しておけばよいですか?

A 固定残業とみなされる時間、その時間を超えた場合の残業代の有無、基本給の3点をチェックしましょう。

固定残業代はみなし残業代ともいわれ、会社があらかじめ設定した定額の残業代を毎月支払うというものです。注意したほうがよいのは、まず、①固定残業としてみなす時間数(例えば20時間)と、②その時間数を超えた場合に超えた分の残業代は支払われるのか(例えば23時間残業したら3時間分が追加で支払われるのか)ということです。そして、③固定残業代が基本給に含まれている場合、いくらが基本給でいくらが固定残業代なのかも要チェックです。

極端に基本給が低い場合、最低賃金を下回っているケースがあることと、賞与は基本給をもとに計算することが多いため、例えば「賞与は基本給の4カ月分」という求人でも、もらってみるとかなり少ないということがあります。もし最低賃金を下回っていた場合、まずは会社に指摘しますが、その後も改善が見られないようであれば、労働基準監督署あるいは労働局に相談しましょう。

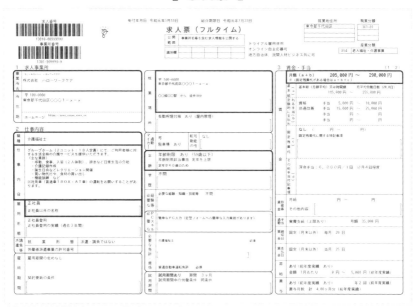

求人票

求人票（フルタイム）

出典：厚生労働省「求人者マイページ利用者マニュアル」第1.6版　2022年10月

転職時

副業

産休・育休

介護

病気やケガ、年金

固定残業代がある場合の求人票の賃金欄

賃金・手当　　　　　　　　　　　　　　　　　（1／2）

月額（a＋b）	206,800円 ～ 235,600円
※（固定残業代がある場合はa＋b＋c）	

基本給(a)	基本給（月額平均）又は時間額　　　月平均労働日数（21.5日） 　　　　　　　178,000円 ～ 200,100円
定額的に支払われる手当(b)	資格　　　手当　　5,000円 ～ 10,000円 処遇改善　手当　10,000円 ～ 10,000円 　　　　　手当　　　　円 ～ 　　　円 　　　　　手当　　　　円 ～ 　　　円
固定残業代(c)	あり　（13,800円 ～ 15,500円） 固定残業代に関する特記事項 時間外手当は、時間外労働の有無に関わらず、固定残業代として支給し、10時間を超える時間外労働は追加で支給

◀「a 基本給」
各種の手当を含まない基本給のみが書かれています。

◀「b 定額的に支払われる手当」
資格手当などがある場合、ここに書かれています。

◀「c 固定残業代」
固定残業代がある場合、ここに詳細が書かれています。

CASE **33**

フレックスタイム制 の会社に転職します。残業代はどのようなときに支払われるのですか?

 残業時間は一定期間内の通算でカウントされ、支払われます。

フレックスタイム制は労使協定の締結が必要であり、この中で労働すべき時間などが決められます。1〜3カ月の範囲内で運用されていて、トータルで働いた時間が、決められた時間数を超えたときにはじめて残業代が支払われます。つまり1日経った時点では残業代は確定しません。一般的な固定時間制度だと、例えば水曜日に9時間働いた場合、1日に働ける8時間を超えているので1時間は残業代として支払われますが、フレックスタイム制は水曜日の時点では残業が確定しないのです。勤怠を1カ月間で管理する場合で平日が23日間あるような月は、184時間（8時間×23日）[※]を超えると残業代が発生します。法律上1〜3カ月の範囲内ならOKとなっていますが管理が複雑になるので1カ月で運用している会社が多いですよ。

※法定労働時間が40時間の会社の場合は177.1時間（40時間÷7×31日）。

▌ フレックスタイム制 ▐

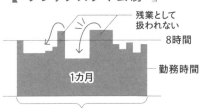

残業として扱われない
8時間
1カ月
勤務時間
177.1時間以内であれば残業にならない

CASE **34**

転職先が決まったので今の職場に退職願を出します。
有給休暇の買い取り はしてもらえないのでしょうか?

原則として買い取ってもらえないものですが、退職時に残っている有給休暇の買い取りは禁止されていません。

本的に有給休暇を消化してから退職すべきですが、次の3つの有休の買い取りは問題になりません。

① 退職により消化できないことが明らかな有休
② もらってから2年を超えて時効消滅した有休
③ 法律を上回るかたちでもらった有休（例えば本来は10日しかもらえないのに12日もらった場合の2日分）

　まず、①は退職により労働契約がなくなったら使いようがないですし、「退職日以降に有休を取って」なんてことも言える余地がありません。次に②は残業代請求の時効は3年（将来的には5年の予定）ですが、有休は2年で時効になり消えてしまいます。消滅した分は法律の規制が入らないので、会社が任意で買い取っても問題にはなりません。なお、消滅した有休は、有休が付与された日（基準日）を特定しておけば算出できます。最後に③はもらった時点で法律を上回った部分なので②と同じです。もし①〜③がある場合、職場に相談してみましょうね。

▌ 年次有給休暇の付与日数 ▌

継続勤務年数	0.5	1.5	2.5	3.5	4.5	5.5	6.5以上
付与日数	10	11	12	14	16	18	20

付与日数は週の労働日数や週の労働時間数によって違いがありますが、有休自体は正社員、非正規雇用などの区分なく、一定の条件を満たしたすべての労働者に付与されます。

転職時

副業

産休・育休

介護

病気やケガ、年金

CASE **35**

再就職したのですが、思ったより <mark>給与が低い</mark> です。 再就職手当もなくなりました。 ほかに手当はもらえませんか?

就業促進定着手当がもらえる
可能性があります。

転職前よりも給与が安い場合、再就職手当とは別にハローワークから就業促進定着手当がもらえます。ポイントは次の3つです。

① ハローワークから再就職手当をもらったこと

② 再就職手当をもらってから同じ会社で6カ月以上雇用保険に入りながら働いていること

③ 6カ月間の給与の日額が前の会社の給与の日額より低いこと

　時系列で整理すると次のようになります。「失業保険をもらい始めた。その後、早い段階で再就職が決まり、再就職手当をもらった。転職先で働いているけれど前の会社より給与が低い」、このような場合にもらえる可能性があります。再就職手当の支給申請をしたハローワークに、現在の職場の6カ月分の出勤状況が分かるもの、給与明細などの賃金が分かるもの、雇用保険受給資格者証を持参し、申請しましょう。支給額に上限がありますが、申請から約1カ月半で指定の口座に振り込まれます。

▏ 支給額の計算式 ▏

$$\left(\begin{array}{c}\text{前の会社の賃金の日額}\end{array} - \begin{array}{c}\text{再就職後6カ月間の賃金の合計額÷180}\end{array}\right) \times \left(\begin{array}{c}\text{再就職後6カ月間の賃金の支払対象となった日数}\end{array}\right)$$

第 **2** 章

副業
の
Q&A

こんな人に関係あります

- ☑ これから副業したいと考えている人
- ☑ すでに副業をしている人
- ☑ 副業により社会保険がどうなるか気になる人

副業は、人によって働き方が違うため、問題が起こったときにどう対応していいか分からず、一人で抱えてしまうことがあります。この章で、いろいろな事例を見ておきましょう。

蓑田先生

副業のキホン

副業とは本業以外の仕事全般のことを指します。形態はさまざまで、個人事業主などの自営業から、パートタイマーや派遣、在宅での内職、投資などが一般的です。副業をすることは法律では禁止されていません。

正社員や契約社員の副業を就業規則で禁じている企業や団体も多いですが、近年は本業に支障が出ない範囲で認めるところも増えています。副業人材を募集する自治体もあります。

正社員　契約社員　パートタイマー

企業

POINT 1

自分に合った副業をしよう

働き方が多様化するにしたがって、本業とは別に副業を行う人が年々増加しています。副業には収入を増やしたり、新しいキャリアに挑戦したりできるといったメリットがあります。自分のスキルや生活に合った副業をすることが大切です。

種類	内容	メリット	具体例
成果報酬型	成果に対して報酬が得られる	時間や場所が制限されない	作家、スキルを生かした制作業務、データ入力のような在宅ワークなど
時間労働型	労働時間に対して報酬が得られる	はじめやすく、安定して収入が得られる	パートタイマー、非常勤など
資産運用型	資産を運用することで増やす	知識が必要だが、不労所得が得られる	株式投資、不動産投資、暗号通貨の運用など

「雇用契約」と「業務委託契約」がある

　本業で企業や団体で働くとき、または時間労働型の副業をするときには雇用契約が結ばれますが、成果報酬型の副業の多くで結ばれるのは「業務委託契約」です。雇用契約では雇い主と労働者の関係が結ばれるのに対し、業務委託契約は、求められた成果物を納めるための約束です。

雇用契約の例

企業

18 〜 22 時まで
レジ作業をお願
いします。時給
は 1100 円です。

時間や場所は会社の
指示に従わなければ
ならない

業務委託契約の例

企業

●日までに商品を
紹介するテキスト
を 300 文字以内
で送ってくださ
い。1 文字 1 円で
お支払いします。

締め切りまでに納品
できれば、好きなと
きに仕事ができる

POINT 3

所得が 20 万円を超えたら確定申告

　企業や団体での所得は「給与所得」であるのに対し、副業での所得は「給与所得」「事業所得」「譲渡所得」「雑所得」などに分けられ、1 年間で 20 万円を超えた場合には確定申告が必要です。

種類	内容
給与所得	雇い主から労働者に支払われる給与・賞与
事業所得	農業、漁業、製造業、サービス業などの事業を営むことで得られた所得
譲渡所得	株式などを売った際の所得
雑所得	印税や講演料、フリーマーケットでの売上など、ほかのどれにも属さない所得

転職時

副業

産休・育休

介護

病気やケガ、年金

CASE **36**

副業禁止 の会社です。法律上どこまでなら副業はOKですか?

 A 副業について法律上の定めはありません。まずは本業先の就業規則を確認してみましょう。

一般的な就業規則では、(明確に書いていない場合でも)次の4つの理由にあてはまる場合を禁止としている会社が多いです。

①営業秘密が漏れる場合、②本業での業務に支障がある場合、③副業先が競合他社の場合、④本業先の信頼関係が損なわれる場合。

例えば、②は副業が深夜の時間帯に行われる場合や、副業が長時間労働で本業の仕事がおろそかになるようなことが想定される場合です。また、④については言葉を選ばずに言うと夜の接待業など(②にもつながることがある)を想定する会社もありますね。

CASE **37**

もっと知りたい！

「求人票」のある項目の「応相談」に注意

働き方改革の影響もあり、「副業熱」が高まっています。副業といっても種類があり、「雇用」されるタイプの副業の「求人票で見るべきポイント」を確認しましょう。労働条件の中でもとても重要であるはずの「賃金等」の部分が「応相談」となっている会社は要注意です。最低賃金を下回っているということはないかもしれませんが、「どんぶり勘定」の可能性もありますので、入社を決める前に面接や電話で確認しておきましょう。

　#副業禁止　#就業規則　#雇用契約　#業務委託契約

本業先は雇用契約で働いています。副業先は 業務委託契約 で契約すると言われました。何が違うのですか?

雇用契約は「9時〜17時まで〇〇支店で営業の仕事をしてください」と「時間」、「働く場所」、「担う仕事」が「指定」されます。仕事の途中でも、会社から必要に応じて働く条件の「変更」（例えば転勤）を指示されることもあります。一方、業務委託契約の場合、仕事のやり方はもちろん、仕事をする場所も任せてもらえますので、雇用契約よりも自由に働けるという面があります。

会社と雇用契約を交わした場合は「労働者」となりますので、公的保険（例えば雇用保険）の対象となったり労働基準法により保護されたりしますが、業務委託契約の場合は公的保険や労働者としての保護はありません。

❙ 雇用形態の違いによる労働関係法令の有無 ❙

	正社員	派遣社員	契約社員	パート	業務委託
最低賃金の定め	◯	◯	◯	◯	×
労働時間のきまり	◯	◯	◯	◯	×
年次有給休暇	◯	◯	◯	◯	×
産前産後休業	◯	◯	◯	◯	×
育児・介護休業	◯	◯	◯	◯	×
労働保険	◯	◯	◯	◯	×
社会保険	◯	◯	◯	◯	×

一定の条件を満たす必要があるものもある

転職・臨時

副業

産休・育休

介護

病気やケガ、年金

CASE **39**

副業収入が入ることで 本業先の 社会保険料 に影響は出ますか？

Ⓐ 業務委託契約の場合、
まったく影響はありません。

 業先が業務委託契約の場合はまったく影響はありません。また、雇用契約であっても社会保険に加入していなければ影響ありません。この場合、副業先で得る報酬は社会保険上の「報酬」に該当しないからです。この、社会保険上の「報酬」とは、労働に対して支払われるもので、かつ、「社会保険料」計算のためのものです。副業先が社会保険の対象とならない業務委託契約の場合は対象外であることはもちろんのこと、仮に副業先と雇用契約を結んでいても労働時間が短時間のため、社会保険の対象とならない場合は本業先の社会保険料には影響がありません。

◤ 社会保険上の報酬とは ◢

● 労働に対して現金または現物で支給されるもの
- 基本給
- 役付手当、勤務地手当、家族手当、通勤手当、住宅手当、残業手当など
- 年4回以上支給される賞与

出典：協会けんぽ「標準報酬月額・標準報酬額とは？」

CASE **40**

会社に 副業がばれてしまう のは、どんなときですか?

Ⓐ **住民税の額が変わり、かつ、会社の給料から天引きされているときは発覚してしまいます。**

Ⓨ の途中で住民税の額が変わったときなどに気づかれることがあります。住民税の徴収には2つのパターンがあります。①「特別徴収」という、会社の給料から天引きして会社が納付するパターンと②「普通徴収」という、会社を経由せず個人で納付するパターンです。

①「特別徴収」の場合は会社の給与から天引きですので、例えば副業収入分を確定申告した後に住民税の額が変わったら会社に通知され、そこで発覚することがあります。

②「普通徴収」の場合、個人に通知がきますので会社に知られることはありません。ただし、副業がパートやアルバイトなどの給与所得の場合は特別徴収ですので該当しませんし、自治体によっては副業収入分から生じる住民税を普通徴収にできないところもあります。払い漏れを防ぐために、原則は「特別徴収」としてください、と自治体からお願いされます。

❰ 副業収入の影響 ❱

社会保険料	住民税
影響しません。※	変わるので発覚します。

※ただし、下記の条件をすべて満たすと社会保険加入の対象となるので発覚します。
・週の所定労働時間が20時間以上
・2カ月以上の雇用が見込まれる
・賃金の月額が8.8万円以上
・学生ではない
・常時101人以上被保険者がいる会社に勤める

CASE 41

副業を始めるため手に職をつけよう
と 専門学校に通いたい のですが、
資金がありません。国から補助を
受けられる制度はありませんか?

(A) 現在の職場で雇用保険に加入していれば、
入学料や授業料を補填してもらえる「教育訓
練給付金」が利用できます。

(教) 育訓練給付金の対象講座はなんと約1万4000もあります。厚生労働
大臣から指定を受けている施設や講座に受講の申し込みをし、修了後
に居住地を管轄するハローワークに給付金の申請をしましょう。どのような
講座があるかは、「教育訓練」で検索してみてください。オンラインで受講
できる講座や夜間、土日も受講できる講座もありますよ。

◤ 教育訓練の種類 ◢

教育訓練の種類と給付率	対象講座の例
専門実践教育訓練 最大で受講費用の70%［年間上限56万円・最長4年］を受講者に支給	**業務独占資格などの取得を目標とする講座** ・介護福祉士、社会福祉士、看護師、美容師、歯科衛生士、保育士、調理師など **デジタル関係の講座** **大学院・大学などの課程** ・専門職大学院の課程（MBA、法科大学院など） **専門学校の課程**
特定一般教育訓練 受講費用の40%［上限20万円］を受講者に支給	**業務独占資格などの取得を目標とする講座** ・介護職員初任者研修、大型自動車第一種・第二種免許など **デジタル関係の講座**
一般教育訓練 受講費用の20%［上限10万円］を受講者に支給	**資格の取得を目標とする講座** ・英語検定、簿記検定、ITパスポートなど **大学院などの課程** ・修士・博士の学位などの取得を目標とする課程

CASE 42

傷病手当金 をもらいながら本業を休職しています。その間、副業をしてはいけませんか?

Ⓐ **軽めの副業ならOKとされています。**

在 職中に病気やケガが原因で働けなくなったときは、健康保険の傷病手当金がもらえます。傷病手当金をもらっている期間に、会社から傷病手当金より多い報酬を得ると、手当金は支給されません。本業に代わるほどではない副業や内職、一時的に軽い労働をして収入を得る場合は、引き続き「働けない状態」だと考えられているため副業OKとなるのですが、加入している健康保険によっては傷病手当金が減額されない可能性がゼロではないので、あらかじめ「どんな場合に減額されるのか?」を確認しておいてもいいかもしれません。

CASE 43

もっと知りたい!

育休中の副業はOK?

育児休業給付金は、雇用保険に加入している会社から給与が支払われた場合に減額の対象となりますが、副業で、雇用保険に加入していない会社などから得た報酬は減額の対象になりません。「収入を得ること」のみが目的であれば、減額の対象になる本業からの収入よりも、減額の対象にならない副業を選んだほうが賢い選択と言えますね。

副業に熱が入り
扱養の範囲内の収入 を超えて
しまいました。夫の扶養から外れ
なければいけませんか?

 一時的であれば扶養から
外れることはありません。

(被) 扱養者の年収については、基本的に現時点の収入や将来の収入見込み
などから判断されますが、その1年に限って例外的に超えたことが明
らかであれば外れることはありません。例えば、会社で昇給したり、勤務時
間が増えたりしたのではない「一時的な事情」で、その1年間のみ結果的に
130万円以上となった場合、直ちに扶養が取り消されるわけではありません。
ただし、必要に応じて扶養する側の会社に課税証明書や給与明細書などの提
出が必要となる場合があります。

【 扶養控除〇円の壁 】

		100万円 103万円 106万円	130万円
被扶養者	住民税※	かからない	被扶養者の勤める会社の規模によってかかる
	所得税	かからない	
	社会保険料	かからない	必ず自分で社会保険に加入
扶養者	配偶者控除	配偶者控除の対象 （150万円から配偶者特別控除が徐々に減る）	

※住民税の課税は自治体により異なり、93万円から課税対象となるところもある。

#扶養　#公的保険

CASE **45**

本業先と副業先で60歳までパートとして働く予定です。 公的保険 はそれぞれ何に加入することになるのですか？

Ⓐ 労災保険は両方、雇用保険と社会保険は本業先のみの可能性が高いです。

 務委託契約やフリーランスとしてではなく、本業先も副業先も雇用契約で従業員として働く場合、「労災保険」は働く時間数に関わりなく両方で加入の対象となります。労災の保険料は会社が100％負担しますので、通常は意識することがないかもしれません。

「雇用保険」は本業先のみ加入となりますが、65歳以上の人は2022年1月から両方で加入可能になりました。

「社会保険」は両方で加入対象ですが、2022年10月時点では従業員数が100人以下の会社の場合は週に約30時間以上働く人でないと入れませんので、実質的に本業先のみで加入となる可能性が高いですね（101人以上の会社の場合は加入の対象となる場合があります）。

▌ 社会保険の種類 ▐

・医療保険（健康保険） ┐ 原則すべての
・年金保険 ┘ 国民が加入する
・介護保険
・労働保険（雇用保険・労災保険）

CASE **46**

週1出社の副業でも 有給休暇 はもらえますか?

 A もらえますが、条件があります。

副 業先で週に1日しか勤務しない場合でも、法律上、有給休暇をもらえる権利はあります。もちろん週に5日働く人よりももらえる日数は少なくなります。ただし、法律では本来働くべき日に対して、出勤率が8割を下回ると有休が発生しないことになっています。これは働くべき日にどの程度働いているかを見るための"真面目度チェック"と理解するとよいでしょう。週1勤務の契約の場合、契約期間中の8割出勤すれば法律上は半年経ったときに1日付与されます。8割を下回ったことでもらえなかったとしても、次のもらえる日までに8割以上働くと、またもらえるようになります。

CASE **47**

もっと知りたい！

有休がダブルで発生することも

副業先を業務委託契約ではなく雇用契約で働く場合、ダブルワークであっても本業先、副業先、それぞれで有給休暇はもらえるのでしょうか? 結論から言うと「雇用契約」の場合は両方でもらえます。ただし、前述の通り本来働くべき日に対して出勤率が8割を下回ると有休は付与されませんので注意しましょう。もちろん、本業先が雇用契約で副業先が業務委託契約の場合は本業先だけでしかもらえません。

CASE 48

副業では 雇用保険料 はどのような扱いになるのでしょうか?

Ⓐ 雇用保険にダブルで加入する場合もあります。

雇用保険はダブルワークをしても基本的に1つの会社でしか入れません。多くの場合、働く時間が多く、主たる給与をもらう会社のほうで入ることになります。しかし、2022年1月から65歳以上の人は本業先と副業先の両方の会社で加入できるようになりました。対象となるには、2つの会社での労働時間が1週間に合計20時間以上(1つの会社で5時間以上20時間未満)働くこと、2つの会社でそれぞれ31日以上雇用される見込みがあることが必要です。そして、自動的には適用されないので、自分から会社の人事担当者に申し出る必要があります。

CASE 49

もっと知りたい!

65歳未満でも副業先の雇用保険に入れる?

65歳未満の人がパートやアルバイトを掛け持ちして、本業先と副業先で20時間ずつ働いた場合を想定してみましょう。65歳未満の人は制度上、本業先のみでしか雇用保険に入れませんので、副業先で雇用保険料が引かれることはありません。

転職時

副業

産休・育休

介護

病気やケガ、年金

CASE 50

本業先と副業先で両方、社会保険に入らなければならないようです。**保険証**は2枚になるのですか?

 (A) **2社のうち主たる事業所を選択するので、保険証は1枚です。**

(社) 会保険は雇用保険と違い、年齢に関係なく両方で加入するケースがあります。とはいえ、加入の条件を満たすには2つの会社で週60時間以上働くことになり、現実的とはいえません。しかし、例えば本業先で週30時間程度の契約社員で働きながら、副業で起業して役員に就任したケースであれば条件を満たします。役員の場合、従業員とは違って労働時間の概念がありませんので、働く時間数に関係なく、役員報酬が出れば社会保険に入らなければなりません。こういう場合は、自分で「被保険者所属選択・二以上事業所勤務届」を主たる事業所を管轄する年金事務所に提出し、「こちらの会社で保険証を発行します」と意思表示をしてどちらかを選ぶ必要があります。保険証は1枚になりますが、保険料は年金事務所などで按分計算され両方の会社に保険料の請求がいきます。

　副業での起業を検討しない場合は、あまり出合うケースではないかもしれませんね。

本業先から副業先に出勤する途中で事故に遭いました。 労災保険 は使えますか？　仮に使える場合、どちらの会社に申し出ればよいですか？

A 副業先に申し出ましょう。

故に遭った人が副業先の従業員であるという前提で考えると、本業先から副業先に向かう途中であれば、副業先の労災保険を使いますので、副業先に申し出ることになります。なぜなら「副業先で働くために移動」していたからです。ただし、副業先とは雇用契約でなければなりません。

2020年9月に法律の改正があり、労災保険として給付額を算定する際に本業先と副業先の賃金を合わせて計算されることになりましたので、以前よりも給付される額は多くなるはずです。ただし、実際には不幸中の幸いで軽傷で済み、診察のみであとは経過観察となった場合、受診時の自己負担がないなど、単に「お財布からお金が出ていかない」というかたちの給付で終わる場合もあります。

❚ 労災保険の給付額 ❚

例　A社　月給20万円　＋　B社　月給15万円

2社の給料を合計した35万円をもとに、事故が発生した会社を管轄する労働基準監督所が給付額を算定

出典：厚生労働省「労働者災害補償保険法の改正について～複数の会社等で働かれている方への保険給付が変わります～」

転職時

副業

産休・育休

介護

病気やケガ・年金

CASE **52**

副業先の居酒屋が倒産してしまい、<mark>給料を支払ってもらえません</mark>。本業先にも相談しづらい話で、泣き寝入りするしかありませんか?

 未払い賃金の一部を立替払する制度があります。

　<ruby>未<rt></rt></ruby>払賃金立替払制度といい、倒産により給料がもらえないまま退職した労働者に未払賃金の一部を立替払する制度があります。次の2つのポイントを満たしているかを確認して、最寄りの労働基準監督署に相談しましょう。

　①使用者(居酒屋)が1年以上事業活動(営利目的のあらゆる活動だけでなく、公共事業や非営利事業の活動)をしていたこと

　②倒産したこと(破産、賃金支払能力がない事実上の倒産)

　ただし、「賞与」と「未払賃金の総額が2万円未満」の場合は立替払の対象になりません。そして、立替払してもらえる額は未払賃金の8割で、退職日の申請者の年齢に応じて上限額が設定されています。立替払後はその分の債権を本来支払うべき責任者に賠償を求める流れとなります。

▌ 立替払 ▐

退職日の年齢	未払賃金総額の限度額	立替払の上限額(限度額の8割)
45歳以上	370万円	296万円
30歳以上45歳未満	220万円	176万円
30歳未満	110万円	88万円

出典:労働者健康安全機構　未払賃金の立替払事業

　#未払賃金立替払制度　#副業バレ

CASE **53**

副業禁止の会社 で、副業をしていることが会社に知られてしまいました。

就業規則には懲戒解雇すると書いてあり、懲戒解雇の場合、退職金は没収されるようです。これはどうしようもないのでしょうか？

Ⓐ **懲戒解雇や退職金の没収は現実的ではないと思われます。**

 ちろんルール違反に対する懲罰が科せられることはあり得ます。しかし、最も重い懲罰である「懲戒解雇」は現実的とは言えないでしょう。会社は、副業の影響で自社にどの程度の損害が生じたのかを会社として示す必要がありますが、これはかなり大変なのです。

　退職金に関しても、過去の裁判例から、退職金はこれまで継続して働いてくれた「功績」と「賃金の後払い」という2つの顔をもっていると考えられています。退職金が一部減額されるということはあり得ますが、「没収」となるとほぼ無理でしょう。仮に会社が没収を強行したとしても、法的な争いに発展すれば没収は無効となる可能性が高いですね。

CASE **54**

副業を理由に本業先を辞めることになりました。離職票のどこを主に確認すればよいですか?

 賃金の欄を重点的にチェックしましょう。

残業代や通勤手当が漏れているケースも少なくありません。例えば通勤手当は一定額まで非課税ですから、源泉徴収票の支払金額に含まれません。しかし、離職票には含めないといけません。なぜなら、あなたに働いてもらうために会社が支払っていた金銭ですから、労働の対価という性質があり、非課税であることとは別問題だからです。通勤手当が6カ月分まとめて支払われている場合は、月額に割り戻して書かれているかもチェックポイントですね。漏れがあると失業保険の額が本来もらえる額より低くなってしまいます。

CASE **55**

もっと知りたい!

副業で会社を設立した場合の公的保険

資本金1円からでも会社設立が可能になったこともあり、会社を設立して副業をする人も増えています。法人の社長になった場合、社長には労働時間の概念がありませんが、会社から1円でも報酬が出るなら社会保険に加入しなければなりません。社長は雇用保険には例外なく加入できず、労災保険は「特別加入」という制度を活用する場合を除いて、加入できません。

　#離職票　#会社設立　#失業保険　#個人事業主　#法人化

CASE 56

副業で、個人事業主となるか法人化しようか迷っています。どちらがよいですか?

Ⓐ まずは個人事業主として始めて、年商1,000万円を超えるようであれば法人化を検討してみてください。

個人事業主は税務署に開業届を出すだけで事業を始められます。一方、法人は定款の作成や登記など事業開始時の手続きだけでなく、事業開始後の決算の申告などもあり、個人事業主よりも手続きが煩雑です。しかし法人のほうが個人事業主よりも資金調達がしやすいことや、一定の節税効果（例えば、法人のほうが経費として認められる範囲が広い、一定の所得を超えた場合は個人事業主として払う所得税等よりも支出が少ない、など）があります。また、法人のほうが社会的信用があるという声もありますが、個人事業主でも優秀な人はたくさんいます。日々の積み重ねが大切ですね。

産休・育休

介護

個人事業主と法人化の税金の比較

●個人事業主の所得税率（平成27年分以後）

課税される所得金額	税率	控除額
1,000円 から 1,949,000円まで	5%	0円
1,950,000円 から 3,299,000円まで	10%	97,500円
3,300,000円 から 6,949,000円まで	20%	427,500円
6,950,000円 から 8,999,000円まで	23%	636,000円
9,000,000円 から 17,999,000円まで	33%	1,536,000円
18,000,000円 から 39,999,000円まで	40%	2,796,000円
40,000,000円 以上	45%	4,796,000円

出典　国税庁「所得税の税率」

●法人税

法人の場合は所得税の代わりに法人税が課されます。法人税は最高でも23.2%です。売上から必要経費を引いた額が「所得」となります。

病気やケガ、年金

●消費税　個人事業主は、売上が1000万円を超えると2年後から消費税の納税義務が生じます（売上の10%を納める）。法人化すれば2年間は消費税が免税となりますので、売上額によっては節税効果があります。

CASE **57**

本業先を辞めて、
副業先に転職 することにしました。
年末調整 はどうすればよいですか?

A 再就職先で年末調整をしてもらいましょう。

年の途中で副業先に転職した場合、前の会社からその時点までの源泉徴収票をもらい、再就職先で源泉徴収票を提出して年末調整をしてもらいます。通常は源泉徴収票を退職後に送ってもらうことが多いですが、送られてこない場合や紛失してしまった場合は早めに前の会社に連絡をしましょう。もし、12月の年末調整に間に合わなかった場合でも、翌月の1月31日までであれば「再年末調整」ができます。それも間に合わなかった場合や12月にどの会社にも属していない場合は、ご自身で確定申告をすることになります。所得税を多く支払っている可能性がありますので、必ず確定申告しましょう。

▌ 年末調整 or 確定申告 ▐

● 退職後、同年12月までに次の会社に入社し、12月に給与支払がある
……前職の源泉徴収票があれば年末調整可能。

● 退職後、同年12月にどの会社にも属さず、年をまたいで次の会社に入社
……確定申告が必要。その場合も源泉徴収票は必要。

副業先に 転職 します。

採用日が11月1日に決まったので、今の職場と退職日のすり合わせをしています。10月30日での退職はどうかと聞かれたのですが、末日退職ではない場合に気をつけることはありますか？

A 社会保険料の支払いに影響します。空白期間に気をつけましょう。

末 日である「10月31日」に在籍していなければ、会社はあなたの10月分の社会保険料を支払う必要がなくなります。この1日の分はご自身で市区町村の窓口にて、健康保険は国民健康保険、年金は国民年金に加入する手続きをします。これまで保険料の半額を会社が支払ってくれていましたが、全額あなたが負担しなければなりません。社会保険は、月末時点にどの制度に加入しているかで判断されるため、月末の1日の違いはとても大きいのです。空白期間があるにも関わらず放置していると、年金が少なくなることや、たまたまその日に具合が悪くなった場合、保険証が使えないことになります。

❰ 末日以外の退職と社会保険の関係 ❱

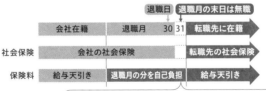

空白の1日分の健康保険と国民年金の手続きをする必要がある

右側余白縦書き：
転職時
副業
産休・育休
介護
病気やケガ、年金

CASE **59**

副業先を退職 することに
なりました。
本業先では引き続き働きますが、
失業保険はもらえませんか?

 失業状態とはいえませんので、
失業保険はもらえません。

本業先で働いているので失業保険はもらえませんが、65歳以上の人であれば一方を辞めた場合のみでも失業保険の対象となるケースがあります。これは2022年1月から「マルチジョブホルダー制度」という新しい制度が導入されたためです。①複数の事業所に雇用される65歳以上の労働者であること、②2つの事業所（1つの事業所における1週間の所定労働時間が5時間以上20時間未満）の労働時間を合計して1週間の所定労働時間が20時間以上であること、③2つの事業所のそれぞれの雇用見込みが31日以上であること、の3点に該当する人は、自分で居住地を管轄するハローワークで手続きすると雇用保険の被保険者となります。被保険者として6カ月以上経っていれば、退職時に一時金として高年齢求職者給付金がもらえます。

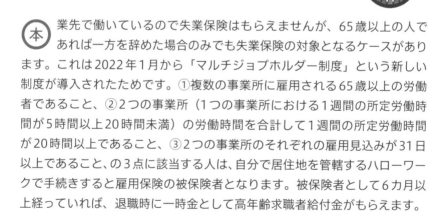

◤ マルチジョブホルダー制度 ◥

（本業）＋（副業）｝（合計23時間）＝ 合計20時間以上であれば雇用保険に加入できる
週に15時間　週に8時間

第 **3** 章

産休・育休 の Q&A

こんな人に関係あります

- ☑ 自分や配偶者が妊娠・出産または養子を迎える被雇用者
- ☑ 出産後、仕事を続けるか悩んでいる被雇用者
- ☑ 育休を取るか迷っている被雇用者

産休・育休は女性だけでなく、男性にとっても重要な制度です。給付金をもらえるだけでなく、税金の免除などもあるので、しっかりチェックしておきましょう。

蓑田先生

産休・育休のキホン

産休や育休は社員だけでなく、契約社員や条件を満たすパートタイマー、派遣労働者にも適用されます。

正社員　契約社員　パートタイマー

産休はマスト・育休は任意

産前休業を取るかどうかは従業員の任意ですが、産後6週間は必ず休業しなければなりません。また、育休も従業員の任意ですが、取るには条件があります。

企業

拒否はできない

POINT **1**

産休と育休をきちんと理解しよう

　従業員やその家族の出産や育児を支援するために、「産前産後休業（産休）」や「育児休業（育休）」の制度があります。それぞれ、取れる期間や条件が異なります。

	産前休業	産後休業	育児休業
対象	出産前の女性従業員	出産後の女性従業員	従業員（パートタイマーや派遣社員などの場合、子供が1歳6カ月になる前々日までに契約期間が終了したり、契約が更新されないことがはっきり分かっていないこと）
給付金	出産手当金		育児休業給付金
期間	産前42日間	産後56日間	子供が1歳になるまで（延長可能）

　職場復帰のために子供を保育所に預けたい場合、一般的には認可保育所を探すことになりますが、子供が1歳になっても認可保育所に入所できない場合は、育休を1歳6カ月まで延長することができます。入所できなかったことを証明する「保育所入所保留通知書」などの書類を会社に提出し、育休延長の手続きをしましょう。なお、1歳6カ月時点でも保育所が見つからない場合は、2歳になるまで再延長できます。

出産・育児に関するお金を確認

出産・育児に伴い、国などからさまざまな給付金が支給されます。また、社会保険では、産休・育休中の保険料が免除となる制度を設けており、免除期間中は、厚生年金保険においては社会保険料を納めた期間として扱われ、将来の年金額には影響しません。また、産休・育休中は給与が支給されないことがほとんどですので、給与の代わりに「出産手当金」「育児休業給付金」などによって所得補償がなされます。

時期	手当の種類	内容・手続き	保険の種類
産前	出産費貸付制度	出産育児一時金の 8 割相当額を限度に借りられる（無利子）	健康保険
産前・産後	産前産後休業	産前産後休業期間中、社会保険料が免除される	健康保険・厚生年金保険
産後・育児	出産育児一時金	42 万円が支給される（2023 年 4 月から 50 万円に引き上げ予定）	健康保険
	出産手当金	出産日の 42 日前から 56 日後までの期間中、給与のない日に対して、支給開始日の以前 12 カ月間の各標準報酬月額を平均した額÷30 × 2/3 が支給される	健康保険
	育児休業給付金	賃金日額の 67% が支給される（開始 181 日目からは 50%）	雇用保険
	育児休業	育児休業期間中、社会保険料が免除される	雇用保険
	養育期間標準報酬月額特例	産後、時短勤務などによって標準報酬月額が低下した場合、産休取得前の標準報酬月額に基づく額の年金が支給される（子供が 3 歳になるまでの期間）	厚生年金保険

※その他、出産時に自治体や所属する会社から祝い金などがもらえる可能性があるので、要チェック！

これらは自動的に適用されるわけではありませんので、原則 2 週間前までに会社へ申し出ましょう。会社はそれに基づいて、公的機関への申請を行います。開始時だけでなく、終了時にも申し出る必要があるので注意しましょう。

詳しく知りたい育児休業給付金

　雇用保険の被保険者は、1歳未満の子供の養育のために育児休業を取得すると、一定の条件を満たせば育児休業給付金を受け取ることができます。育児休業給付金は、原則2カ月に1回、会社からハローワークに申請することで振り込まれます。

 条件

- ☑ 雇用保険の被保険者であること
- ☑ 育児休業中の賃金額が休業開始時の80%未満になった、あるいは賃金が支給されていないこと
- ☑ 育児休業を取るまでの2年間で、11日以上働いた月が12カ月以上あること

育児休業給付受給資格確認票・育児休業給付金支給申請書を提出

関係書類を提出

従業員
（被保険者本人）

事業主
（総務部、管理部など）

ハローワーク

給付金

雇用保険から育児休業給付金が振り込まれる

給付金の支給額

休業期間中に賃金が支払われていない場合	支給額＝休業開始時の賃金日額×**67%**（181日目からは**50%**）×日数 （180日目までは30万5,319円、181日目からは22万7,850円の支給上限あり）

休業期間中に賃金が支払われている場合	賃金の支払率	給付金額
	元の給与の〜13%	支給額＝休業開始時の賃金日額×67%（181日目からは50%）×日数
	元の給与の14%〜80%未満	支給額＝休業開始時の賃金日額×80%×日数−賃金
	元の給与の80%〜	支給されない

POINT 4

男性の育休は2種類ある

育児休業は、女性だけでなく男性も取得することができます。通常の育休に加え、2022年10月からは子供が生まれた直後に取れる「産後パパ育休」が始まりました。これらを組み合わせれば、1歳までの間に最大4回まで育休を取ることができます。

産後パパ育休

子供が生まれてから
8週間までの間に取れる

通常の育休

子供が生まれて
8週間後から1歳までの間に取れる

産後パパ育休	
対象	男性従業員、養子を育てる場合は女性も可能（パートタイマーなどの場合、申し出の時点で子供の出生日または出産予定日のいずれか遅いほうから起算して8週間を経過する日の翌日から6カ月を経過する日までに契約期間が終了したり、契約が更新されないことがはっきり分かっていないこと） <取れない人>※労使協定を締結している場合 ①入社して1年未満 ②申し出の日から8週間以内に雇用契約が終了する ③1週間の所定労働日数が2日以下
期間	子供の出生後8週間以内の最大4週間（2回に分割可能）

こんな育休の取り方もおすすめ

母親が里帰り出産をし、産後の1カ月間を実家で過ごす場合

母親が里帰りしているときは通常通り勤務し、母親が赤ちゃんと家に戻ってきたら、「産後パパ育休」を2週間取得します。二人で家事や育児を分担・協力することで、育児不安の軽減や睡眠不足の解消につながります。さらに、母親が6週間の産休を終えて職場に復帰する前後のタイミングで、再び「産後パパ育休」を2週間取得します。赤ちゃんはまだ急な体調不良を起こしやすい時期なので、交代で父親が見てくれることで母親も安心感がもてます。

 転職時

 副業

 産休・育休

 介護

 病気やケガ、年金

CASE 60

入社直後に妊娠 が発覚しました。何とか育児休業給付金はもらえませんか?

 Ⓐ 一定の条件を満たすともらえます。

育児休業給付金は、育休に入る前の2年間に「1カ月あたり11日以上給与が支払われた月が12カ月以上」あればもらえます。ただし、入社直後に妊娠した場合、この条件を満たしていない場合もあるでしょう。そこで、次の2つの打開策を検討します。

①前の職場での離職票を使わずにもっている(前職を退職したあと失業保険をもらっていない)場合、前職の勤務と合算して条件をクリアする(紛失した場合は、前職の会社に連絡して再発行を依頼するか、居住地を管轄するハローワークで手続きすれば再発行してもらえます。)

②産前産後休業明けに一度復帰して、必要な日数を確保した後で育休に入る

特に②については、子供が1歳になるまでの育休は任意ですから、入るタイミングはあなたが選べます。ただし、体調を優先し、医師の診断を仰ぎましょう。

❰ 育児休業給付金の受給の条件 ❱

| 退職 | 入社 | 産前休業開始 | 育休開始 |

出産

1 2 3　無職期間　4 5 6 7 8 9 10 11 12　産前産後休業期間

育休に入る前の2年間に「1カ月あたり11日以上給与が支払われた月が12カ月以上」必要

CASE 61

妊娠をきっかけに 退職 を考えています。退職によってもらえなくなるものは何ですか?

Ⓐ 育児休業給付金が
もらえなくなります。

 児休業給付金は、継続して働くことが前提の給付金です。退職してしまうとその後はもらえません。

あわせて社会保険に入っていた場合、保険料は免除されていたはずですが、その免除も終わりますので、退職後は配偶者が会社員や会社役員で厚生年金に入っている場合は配偶者の扶養に入るか、または、あなた自身で国民健康保険と国民年金に入ることになります。年の途中で退職した場合は確定申告をして、所得税を払い過ぎていたら還付されます。

給付金関連では、出産手当金は健康保険に1年以上加入実績があり、退職時にもらい始めていれば退職後でももらえますし、出産育児一時金も、退職日の翌日から6カ月以内の出産であればもらえます。一時金は配偶者の扶養に入っている場合でももらえますが、どちらの健康保険から受給するかを選択する必要があります。

なお、妊娠を理由に退職した人は、失業保険の受給を延期できる制度があります。通常は1年以内にもらいきるものですが、出産を控えた状況での再就職活動は現実的ではありませんよね。出産を終え、落ち着いたところで求職活動を始めたときに失業保険がもらえます。つまり、出産手当金をもらい終わったあとは何ももらえないので、家計を鑑みて決めましょう。

CASE **62**

職場の人間関係がうまくいっていません。育休を取りますが
復帰しない予定 です。
育児休業給付金はもらえますか?

(A) 復帰の予定がないのに給付を
受けると不正受給になります。

 休開始時点で復帰しない意思があり、辞めることを予定していたのに
育児休業給付金をもらっていた場合、不正受給となりますので返金し
なければなりません。育児休業給付制度は、継続して働くことを前提につく
られた給付金制度だからです。もちろん、復帰するつもりで育休を取ってい
たけれど体調不良になってしまったケースや、復帰後の両立に不安を感じて
自信がなくなってしまった、パートナーの転勤についていくことになったと
いった理由であれば、不正受給ではありません。

　ただ、本人の内面的な意思は確認のしようがありませんので、よほど悪質
かつ確かな証拠があるケース(例えば産休に入る前に、周囲に「もう次の就
職先が決まっている」などと公言していたという事実が複数名の従業員から
告発されたような場合)でなければ、不正受給であると判断するのは難しい
でしょう。

CASE **63**

育休中に2人目を妊娠 した場合、第1子の育休を継続するのと、第2子の産休に切り替えるのとでは、どちらがお得ですか?

A 第1子の育休を継続したほうがお得です。

第 1子の育休中に第2子を妊娠した場合、続けて第2子のための産休・育休を取ることができます。出産手当金、出産育児一時金、育児休業給付金も、第1子同様すべてもらえます。

　第1子の育休と第2子の産休の期間が重複する場合は、出産日まで第1子の育休を継続しましょう。第1子の育児休業給付金と第2子の出産手当金の両方を同時に受給できます。第2子の産休（産前休業）を取ると、第1子の育休はそこで終了となりますので、育児休業給付金ももらえなくなります。

CASE **64**

養子をもらった場合 でも育休は 取れますか? また、その間の社会保険料免除や育児休業給付金ももらえますか?

 Ⓐ 育休は取れますし、その間の社会保険料免除や育児休業給付金ももらえます。

(特) 別養子縁組成立前の、監護期間の6カ月中も含めて育休が取れます。特別養子縁組は実父母の同意が必要ですが、もし、実父母による虐待などがある場合、同意が不要となることもあります。

養親となるには、①配偶者がいること、②養親は25歳以上であること(一方が25歳以上の場合、もう一方は20歳以上であれば可能)が条件です。また、縁組成立のためには養親が養子となる子供を6カ月以上監護していることが必要です。すなわち、最低でも6カ月の監護期間が必要ですから、育休の相談、取得時期は早めに検討しておきましょう。

CASE **65**

もっと知りたい!

事実婚で出産した場合の給付金は?

「育児休業給付金」がもらえますが、育休については取得者と子供との間に法律上の親子関係が必要ですので、男性が育休を取得する場合は子供を認知している必要があります。「出産手当金」は加入している健康保険によって取り扱いが変わります。"入籍の事実"はもらえる要件に関係ないとされる場合がありますが、入籍しているほうが手続きはスムーズです。

CASE 66

産休・育休前ですが、もっている 有休を可能な限り使って 産休・育休に入りたいと考えています。どのように計画して取るのがよいですか？

育休を申し出る前に使いましょう。

有休暇は、働く義務がある日に給与を保障した状態で働く義務を免除する制度です。例えば1月15日に「2月1日から（産休・育休に）入る」と申し出た場合、2月1日以後は働く義務が消滅していますので、有休を取れる余地がなくなってしまいます。働く義務がなくなった日に対して有休は使えません。「産前休業」や「育児休業」に入る前であれば有休を取ることができます。実際には上長や管理担当者と有休を取る日、産休に入る日を一度に報告するほうがスムーズです。

　そして、絶対就業禁止期間となる「産後休業」6週間は強制休業となりますが、産後7～8週目からは本人が希望し、医師が問題ないと認めれば働くことができます。一般的には出産手当金よりも有休のほうがもらえる金額は多いので、ここで使ってもよいでしょう。

CASE **67**

出産のため退職 することに なりました。 いつ退職するのがよいですか?

 最短では、産休に入った1日目が 考えられます。

社 会保険料免除と育児休業給付金は会社に籍がなくなるともらえなくなりますので、退職したあとはメリットを享受することはできません。他方、加入している健康保険からもらえる出産手当金は、退職日までにもらい始めていれば退職後ももらい続けることができるので、最短では「産前休業に入って初日に退職」は一案です。ただし、退職日に出勤してしまうと、その日は給与が支払われますし、すなわち「退職時に出産手当金を受けていない状態」となりますので、その後ももらえなくなります。職場にこれまでの感謝の意を伝えるために挨拶に行く程度であれば、働いていることにはなりませんので大丈夫です。出産手当金は、産前分・産後分など何回かに分けて申請することもできます。一般的には、会社を通して出産手当金申請書をもらい、出産後、産院で「医師・助産師記入欄」に記入してもらいます。産休明けに申請書を会社に提出すれば完了です。

▌ 産休中に退職しても出産手当金が支払われる必要条件 ▐

①退職日までに健康保険に1年以上継続加入している。
②退職日が産休(産前・産後休業)期間中である。
③退職日に勤務していない。
④退職時までに出産手当金を受給しているか、受給の条件を満たしている。

夫が育休を取ろうか迷っています。

育休中は無給になり、社保免除や育休手当があったとしてももらっている給与より少なくなるはずです。

実質手元に入るお金は <mark>どれくらいのマイナス</mark> になりますか?

Ⓐ 約20％減と考えられます。

 児休業給付金は、育休開始時から180日間は休業開始時の賃金日額の67％が支給されます。例えば月収30万円の人が1カ月丸ごと育休を取得する場合、20万1000円が支給されることになります。さらに、給与の約14％を占めていた社会保険料が免除されますので、総合すると体感的に約20％減と考えられます。ただし毎月の給与と違い原則2カ月に1回の支給になります（希望により1カ月に1回も可能）。

また、育児休業給付金は所得税がかかりませんので、翌年の住民税の負担も減ることになります。育休制度は保険料を支払っていないのに年金が減らされないという仕組みですから、長期的な満足感はあると言えるでしょう。

▌ 育児休業給付金の計算式（男女とも）▐

| 休業開始時の
賃金日額[1] | × | 67%[2] | × | 支給日数
（6カ月） |

※1…上限あり（2022年10月1日現在で15,190円）
※2…育児休業の開始から6カ月経過後〜（最長）子供が2歳の誕生日の前々日まで50％

CASE **69**

1カ月に14日 育休を取れば、社会保険料が免除になる と聞きました。

12月17日〜1月17日に育休を取る予定です。12月と1月給与も社会保険料は免除されますか？

A この場合、1月は免除されません。

免 除になるポイントは、開始と終了が「同じ月」の場合です。この事例を確認すると、1月に17日間の育休を取っていますが、開始が12月ですので「14日」以上育休を取っている状態でも1月は免除にはなりません。ただし、12月は月末に育休中ですので、これまでと同様に給与と12月の賞与は免除されます。もう一つポイントとして、14日は連続していなくても問題ありません。なお、育休の取得日数には、土日や祝日などの働かない日も含みます。

【「14日」のカウントの仕方 】

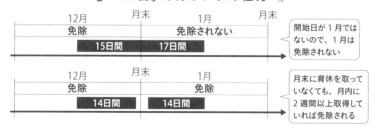

CASE **70**

帝王切開での出産 になりそうです。

産休中の社会保険料免除は出産予定日から起算して免除開始月が決まりますが、この場合は手術日からの起算になるのですか？

Ⓐ **自然分娩での出産予定日からの起算となります。**

㊙王切開の場合も、自然分娩での出産予定日から起算して産休中の社会保険料免除の開始月が決まります。その理由として、そもそも社会保険を定める法律には手術日（帝王切開）を起点に考えるという想定がないためです。特に月末付近から産前休業が開始となる場合、免除開始月が変わってくる可能性もありますので、金銭的にも影響が出ますね。帝王切開で出産する場合は必ず頭に入れておきましょう。

　帝王切開による出産は医師が必要と判断した場合に行われる医療行為です（自然分娩は公的な医療保険が適用されないため全額自己負担〈ただし出産一時金などである程度補えます〉）。出産費用のうち、保険診療となる分娩費、必要な検査費、薬代などは３割負担となりますが、帝王切開の場合、自然分娩よりも入院日数が長期になり、トータルでの出産費用が高額になる傾向があります。民間の医療保険に入っている場合は、退院後に忘れず申請しましょう。手術と治療にかかった費用は高額療養費制度の対象にもなります。

CASE **71**

産後パパ育休 は、法律改正前の パパ休暇と何が違いますか?

 分割して最大2回まで取れるように なったこと、労使合意のもとで働ける ようになったことが違います。

㉙ 間や社会保険料の免除といった内容は同じですが、分割して取得できるようになったことと、育休中に働くことができるようになったことが大きな違いとして挙げられます。「パパ休暇」では休暇中に「働く」という想定がありませんでした。短期間での育休取得になりやすい父親の目線ですと、「産後パパ育休」ができたことで、仕事をしながら育休が取れるようになったため、育休を取ることに対する心理的なハードルが低くなったと言えるでしょう（労働時間や給付金はCASE 73参照）。

なお、養子をもらった女性は「産後休業」がありませんので、「産後パパ育休」を取ることができます。

CASE **72**

もっと知りたい！

育休を取ることで賞与の社会保険料も免除される

これまでは月末に1日育休を取るだけで社会保険料も免除されていましたが、2022年10月以降は、賞与については1カ月超（1カ月と1日以上）の育休を取る場合に免除されるように改正されました。例えば12月に賞与がある場合、育休期間を12月1日〜1月1日にすると、12月の賞与の社会保険料が免除されるので手取りが増えることになります。

CASE 73

父親の育休は 最大何回まで分割 して取れますか?

また、分割取得のたびに社会保険料が免除され育児
休業給付金ももらえるのですか？

Ⓐ 最大4回まで分割でき、そのたびに
社会保険料が免除され育児休業
給付金がもらえます。

 休は、1歳までの間に限れば最大4回分割可能です。4回のうちの2回は産後8週間以内に最大4週間の育休を2回に分割して取れます（産後パパ育休）。その後1歳の誕生日の前日までの間にさらに2回分割して取れるので、合計4回となります。もちろん、そのたびに社会保険料の免除を受けられ、育児休業給付金をもらうことができます。

「産後パパ育休」中や、通常の育休中に何らかの理由で働いた場合、働いた日数が1カ月で10日を超え、かつ、時間に換算して80時間を超えると育児休業給付金はまったくもらえなくなります。このように、育休中に働いて得た給与の額によっては育休を取る金銭的なメリットが減ってしまいますので注意しましょう。

◤ 父親の育休の分割取得の例 ◢

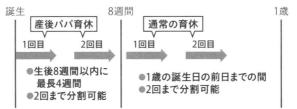

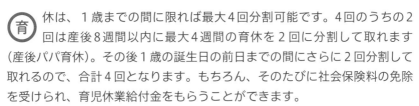

転職時

副業

産休・育休

介護

病気やケガ・年金

CASE **74**

産後パパ育休や通常の育休の 最大4回 はどうやって取れる?

育児休業給付金は、休み始めてから180日目まで休業前の給与の67%がもらえるそうですね。産後パパ育休と通常の育休の両方を取る場合は、どのように180日をカウントしますか?

Ⓐ **産後パパ育休、通常の育休期間を 通算してカウントされます。**

産後パパ育休は合計4週間を上限として、分割して最大2回まで取れます(CASE **73**)。通常の育休は産後パパ育休にプラスして、出産日の8週間後から1歳になる前日までの期間で分割して最大2回取れるという考え方になります。もちろん、通常の育休でも(特に父親が気にされることが多いですが)必ず30日取らなければならないということはありません。産後パパ育休とは少し考え方が違いますが、両方を上手に活用しましょう。

産後パパ育休と通常の育休の両方を通算して180日目までは給与の67%、181日目から終了日(保育園に入れないなどの場合、最長で子供の2歳の誕生日の前々日)までは給与の50%がもらえます。

CASE **75**

「出産育児一時金」の42万円をあえて一度家計から立て替えて クレジットカードで支払い 、ポイントを貯めたあとに一時金を申請することはできますか?

 可能ですが、一時的に全額立て替える必要があります。

 産育児一時金は3通りのもらい方ができます。

① 直接支払制度…出産の前に医療機関に直接支払制度の利用を申し出、本人と医療機関の間で契約を取り交わします。出産後、医療機関がかかった費用（最大42万円）を加入している健康保険に直接申請します。最終的にかかった費用が42万円以上であれば、差額を医療機関に支払います。

② 受取代理制度…出産の前に本人が加入している健康保険の窓口に申請します。直接支払制度と同様、出産後に医療機関が健康保険に直接請求しますので立替の必要はありません。

③ ①・②の制度を利用しない…①・②の制度を導入していない医療機関で選択されます。この場合では出産費用を一旦全額立て替えたあと、健康保険から本人へ42万円が振り込まれます。カードなどのポイントを貯めたい人はこのパターンです。

　医療機関が代理で申請をしてくれるケースが多いですが、事前に医療機関に確認してみましょう。

CASE **76**

父親と母親どちらも育休を取れそうです。可能な限り長く、効率的に取りたいので 父母の育休の違い があれば教えてください。

Ⓐ 違いはあります。次の説明で確認していきましょう。

ま ず、父親は出産予定日から育休を取れます。初産は出産予定日より遅く生まれることも少なくありませんが、もちろん予定日から出産日までの間も育休を取れます（CASE **70** のように帝王切開の場合も同様です）。

次に母親は産後休業最終日の翌日（実際の出産日から起算して57日目）から育休を取れます。これがそれぞれで最も早く育休が取れるタイミングになります。

▌ 産後パパ育休を利用した父親の育休（最速）▐

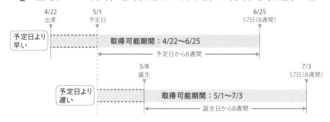

その後は、１歳になる前日までなら両親で同時に取ることもでき、「パパ・ママ育休プラス」という制度を活用すれば、育休開始が遅いほうが１歳２カ月まで育休を延長できます。ただし取れる期間は最長１年という制約があります。つまり、最長期間で育休を取得したい場合は、子供が生後３カ月を迎える前までに、遅く取得するほうも育休に入る必要があります。

ほかには「バトンタッチ型」育休として、１歳以降も保育園に入れなかった場合などに父親と母親が交代で育休を取れるように法律が改正されていますよ。

▌ パパ・ママ育休プラスの一般的な取得例 ▌

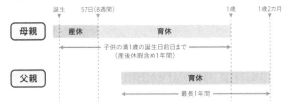

▌ パパ・ママ育休プラスの利用例 ▌

例1

父親と母親が交代で切れ目なく育休を取りたい。
→1歳〜1歳2カ月まで取得OK

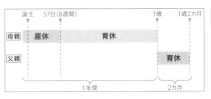

例2

父親と母親が2人で一緒に、かつ、できるだけ長い期間にわたって育休を取りたい。
→同時の取得もOK

例3

祖父母が子供の面倒を見てくれる期間は、父親母親ともに働き、交代で育休を取りたい。
→連続していなくてもOK

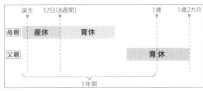

出典　厚生労働省

CASE 77

産後パパ育休を始める日 は、出産日の翌日から8週間以内に入っていればよいのですか?

A 産後パパ育休の最終日が8週間以内におさまるように取得しましょう。

産後パパ育休の最終日が産後8週間以内におさまっていることがポイントです。なお、父親の育休は出産予定日と実際の出産日のどちらか遅いほうを選択できます。例えば1月3日が出産予定日であったものの、実際には12月27日に生まれた場合でも、遅いほうの1月3日を起点にして、8週間以内の申し出が可能です。この場合、2月28日が産後8週間の最終日となります。

例えば「2月28日から1週間」の育休を取得しようとすると、それは通常の育休となります。通常の育休は2回取れますが、そのうちの1回分を取ったことになります。

産後パパ育休の取得可能期間

育休中も iDeCo はできますか？また、iDeCo は続けたほうがよいのでしょうか？

Ⓐ **育休中もできますが、掛金を個人払いに変更する必要があります。**

休中もiDeCoはできます。ただし、iDeCoの掛金を給与からの天引きにしている場合は個人払いに変更しなければなりません。なぜなら、多くの場合、育休中は給与が支払われませんので、給与天引きができなくなるからです。

　また、育休で「年間を通してまったく給与がなかった場合」はiDeCoを継続していれば将来受け取れる年金が増えるというメリットはありますが、税金面での節税メリット（納めるべき所得税が安くなる）はありません。iDeCoを続けていても、育休前よりもメリットが少なくなる場合があるという点をおさえておきましょう。

　なお、iDeCoは途中で積み立てを休止することもできます。休止の期間に制限はありません。休止する場合は、加入している運営機関（金融機関）に加入者資格喪失届を提出します。

CASE **79**

育休中の ふるさと納税 で注意した ほうがよい点はありますか?

 A 税金面で恩恵を受けられる上限額に気をつけましょう。

ふるさと納税とは、実質的には都道府県、市区町村への「寄付」です。原則として、確定申告を行うことで自己負担額2,000円を除いた金額が所得税や住民税控除の対象となります。

育休を取っていない年よりも収入は下がるはずですので、税金面で恩恵を受けられる限度額が下がる点に注意しましょう。いつもの年のイメージでふるさと納税をすると、もちろん返礼品は受け取れますが、税金面で恩恵を受けられる上限を超えてしまう可能性があります。

出産手当金や育児休業給付金は非課税のため所得としてカウントされませんので、控除上限額に直接的な影響はありません。なお、産休・育休を取ったことにより1月1日から12月31日の1年間で給与が103万円以下の場合、所得税は発生しないため節税効果は見込めません。

◢ ふるさと納税の流れ ◣

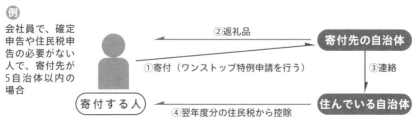

例
会社員で、確定申告や住民税申告の必要がない人で、寄付先が5自治体以内の場合

②返礼品

寄付先の自治体

①寄付（ワンストップ特例申請を行う）

③連絡

寄付する人

④翌年度分の住民税から控除

住んでいる自治体

　#ふるさと納税　#出産手当金　#傷病手当金

切迫早産のため、医師から「今の状態では働けない」と
診断されました。当面は傷病手当金が出るようですが、

産休に入ったら 出産手当金と傷病 手当金 の両方をもらえるのですか?

 同じタイミングで満額もらうことは
できません。

 病手当金は最大1年6カ月もらえます。しかし、出産手当金をもらえ
るのに傷病手当金をもらうと、それは出産手当金の内払(先に支払っ
たもの)とみなされます。つまり、同じタイミングで両方満額もらうことは
できませんが、出産手当金の額が傷病手当金の額より少ない場合は、差額と
して傷病手当金をもらうことができます。考え方としては、出産手当金が優
先して支払われると理解していただくとよいでしょう。傷病手当金は「労務
不能状態」でなければもらえないのに対して、出産手当金は産前産後休業期
間中に働いていないことが条件ですので、「労務不能状態」になっているこ
とまでは求められていないからです。

◢ 出産手当と傷病手当 ◣

例 切迫早産と診断され産休前に療養が必要と医師が認めた場合

| 待期 | 療養 | 産前休業 | 出産 | 産後休業 | 療養する場合 |

| 休業3日目 | | 42日 | | 56日 | |

| | 傷病手当 | 出産手当 | | 傷病手当 |

＊支給額の計算は傷病手当も出産手当も標準報酬日額×2/3×日数と同じです

CASE **81**

出産関連の医療費控除 はどこまで認められますか?

 (A) 「妊娠」と診断されたあとの定期検診や検査費用が対象です。

(医) 療費控除とは、1月1日から1年間で自分または自分と生計を一にする配偶者や親族のために支払った医療費が、一定額を超えた場合、その医療費の額をもとに計算された額の所得控除を受けることができます。

出産のために入院したときの部屋代や食事代、タクシー代は対象外となっていますが、「公共交通機関を利用することが難しい場合は医療費控除の対象になる」という例外的な取り扱いもあります。判断しにくいものは税務署に確認しましょう。

出産育児一時金をもらった場合は医療費控除を計算する際の医療費から差し引かなければなりませんが、出産手当金は「医療費」を補填（ほてん）するものではなく、働けないことに対する補填ですので、医療費控除を計算する際に差し引く必要はありません。

なお、妊娠中の定期検診や検査などの費用も医療費控除の対象となります。自治体によっては、定期検診に使えるチケットがもらえますが、検査の内容によっては高額になり、自分で差額を支払うことも多々あるでしょう。そのような支払いも控除の対象となります。ただし、母体血を使った出生前遺伝学的検査（出生前診断）は2022年12月時点で医療費控除の対象とはなりません。

出産した年は医療費控除を受けられる可能性が高まりますので、妊婦以外の家族やほかの診療科も含め、領収書は取っておきましょう。

育休に入ったのですが、引継ぎがうまくいっておらず、育休後もたびたび出社 しています。育児休業給付金は減額されますか?

A 働く日数や時間数によっては減額されます。

通 常の育休は"臨時的に働くことはOK"という考え方です。育休開始日以降を30日間ごとに区切り、その期間内で働く日数が10日を超え、時間に換算して80時間を超えてしまうと育児休業給付金はまったくもらえなくなります。

　一方で、産後パパ育休中（産後8週間以内で最大4週間）は会社と事前の取り決めをすれば働くことができます。しかし、働く日数が10日を超え、かつ、時間に換算して80時間を超えると育児休業給付金はまったくもらえなくなります。

　では、働く日数が10日以内であれば給与の金額は関係ないのかというと、そうではありません。総支給額が休業前の給与の13％以下であれば育児休業給付金を全額もらえますが、13％を超えると減額が始まり、80％以上もらってしまうと育児休業給付金はまったくもらえなくなります。なお、育休開始から180日を経過すると給付金の額が下がり、13％の基準が30％に変わります。

CASE 83

育休から復帰後の社会保険料が高く、**手取り額が大きく下がって生活が苦しい** です。
社会保険料は毎年秋ごろに改定されていますが、それまで改定はされないのですか?

Ⓐ 復帰してから4カ月後に改定できます。

 休中、社会保険料は「育休の終了予定日の翌日が属する月の前月まで」免除されます。産休や育休復帰後は、保育園へのお迎えや夕食の準備などで残業や夜勤ができなくなったり、時短にするケースが多いですね。その場合、休みに入る前より給与が減るので、社会保険料の負担が重いと感じるはずです。しかも、社会保険料の額は前年の給与などをベースに決められています。

そんな場合は、復帰後3カ月間の給与をもとに、社会保険料を実態に合った額に改定することができます。改定されるタイミングは復帰してから4カ月後になりますので、毎年のように秋ごろまで待つことはありません。これは本人の希望で申請ができます。所属する会社の担当部門に相談しましょう。給与が変わらない場合や、むしろ休業に入る前に何らかの理由で給与が下がって、復帰後に昇給があった関係で、逆に社会保険料が軽く感じる場合は"あえて申請しない"ということもできますね（CASE **85**も参照）。

　#社会保険料　#養育特例

CASE **84**

社会保険料を下げた場合、人事から 将来の年金額 も下がりますと教えてもらいました。
年金が減るのは心配です。
何かよい方法はありますか?

Ⓐ 「養育特例」という制度を利用するとよいでしょう。

 供が3歳になるまでの間、年金額の計算に限って社会保険料が下がる前の水準で計算してくれる「養育特例」という制度があります。手続きは事業主を通して日本年金機構が行います。子供との親子関係を証明するために戸籍謄本を用意する手間と費用はかかりますが、デメリットはそのくらいです。一生涯もらえる年金の減額を回避できるので、ぜひ活用しましょう。この申請は母親だけでなく、例えば育休を取らない父親であっても時短勤務で給料が減っていれば申請できますし、そもそも"労働者ではない"ために制度上育休を取れない社長であっても申請できます。注意点は、あくまで年金額の計算に適用されるだけですので、例えば傷病手当金をもらう事態になったとしても、その計算には影響がありません。

CASE **85**

時短勤務 をしていた人も 社会保険料改定の申請 を したほうがよいのでしょうか？

産休・育休に入る前に時短勤務にしていたので、復帰後もそこまで給与が下がりません。もしかしたら復帰後は出産した子供の扶養手当がついて給与が上がっているかもしれないくらいです。その場合、管理部門から社会保険料改定の申請はしても意味がないと言われました。本当にそうなのでしょうか？

 今後のことを考えて、 申請しておきましょう。

も し給与が変わらない、あるいは増える場合は、社会保険料改定の申請は確かに意味がないでしょう。しかし、CASE **84**でも触れた通り、「養育特例」は子供が3歳になるまでの間に育休前より給与が下がった場合、下がる前の給与水準で年金額の計算をしてくれるというもので、今の時点で意味がないかは誰にも分からないはずです。もし、今申請せずに後から申請した場合、2年までしかさかのぼれないので十分な恩恵を受けられなくなる可能性があります。年金は亡くなるまでもらえるものなので、後悔を少なくする意味でも申請しておくのが自己防衛策として賢明ですね。

　#時短勤務　#社会保険料の改定　#不妊治療

CASE 86

不妊治療 が保険適用になった ようですが、詳しく教えて下さい。

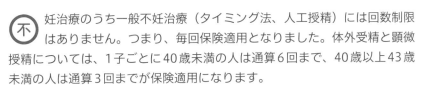

A 体外受精と顕微授精の場合、年齢によって回数に上限があります。

 妊治療のうち一般不妊治療（タイミング法、人工授精）には回数制限はありません。つまり、毎回保険適用となりました。体外受精と顕微授精については、1子ごとに40歳未満の人は通算6回まで、40歳以上43歳未満の人は通算3回までが保険適用になります。

まずは、かかりつけの医療機関が対象医療機関であるかどうかを確認しましょう。対象医療機関となるには、各医療機関が地方厚生局に届出をしている必要があります。なお、診察を受けるにあたっては、これまでの受診歴や医療機関の情報を伝える必要があることと、可能な限り「パートナーと2人で受診すること」が必要です。事実婚の場合も保険適用の対象ですが、医療機関によっては事実婚の確認を求められることがあります。保険適用なので治療費は3割負担、治療費が高額となる場合は高額療養費制度も活用できます。地方自治体の補助もチェックしましょう。

▌ 年齢・回数の要件（体外受精・顕微授精） ▌

年齢制限	治療開始時において女性の年齢が43歳未満であること

回数制限	
はじめての治療開始時点の女性の年齢	回数の上限
40歳未満	通算6回まで（1子ごとに）
40歳以上43歳未満	通算3回まで（1子ごとに）

出典：厚生労働省「令和4年4月から不妊治療が保険適用されています。」

転職時

副業

産休・育休

介護

病気やケガ、年金

CASE **87**

死産 の場合、社会保険制度は どうなりますか?

 妊娠12週(4カ月)以上であれば 「出産」とみなされます。

考 えたくはありませんが、死産の場合、妊娠85日(4カ月)以上であれば「出産」とみなして、出産手当金、出産育児一時金の支給の対象になります。また、死産した日を出産とみなしてその翌日から「産後休業」となるので、社会保険料の免除も可能です。産後8週間は就業禁止期間となりますが、医師が勤務しても問題ない旨の証明をし、かつ、あなたの申し出があれば、6週間経過後に働くことができます。もし働くことになれば、その日以降、出産手当金はもらえなくなります。

CASE **88**

もっと知りたい!

育休取得で会社にも助成金が入ります

助成金は条件を満たすと会社に助成されますが、労務管理ができていない会社はもらえません。例えば、労働保険料や残業代を支払っていない、労働時間の管理をしていない、過去に労働関係の法律に違反した…というような会社には助成されません。ただし、助成金の情報は会社の担当者も知らないことが多いので、情報提供する価値はあるでしょう。会社にもメリットがあると分かれば、父親も育休の申し出をしやすいですね。

第 **4** 章

介護の Q&A

- ☑ 親や子供の介護が必要になった被雇用者
- ☑ 配偶者や、配偶者の親の介護が
  必要になった被雇用者
- ☑ フリーランスで働く人

介護に関わる制度を見ていきましょう。
なお、社労士の立場としては、どんなに介護が
大変でも退職はしないことをおすすめします。

蓑田先生

介護のキホン

「介護休暇」や「介護休業」は正社員だけでなく、契約社員や条件を満たすパートタイマー、派遣労働者にも適用されます。

申し出があれば事業主（会社）は受け入れなければなりません。

正社員

契約社員

パートタイマー

企業

POINT **1**

選択肢は「介護休暇」と「介護休業」

　家族に介護が必要になった場合、「介護休暇」や「介護休業」を取得することができます。一般的に取得の2週間前までに会社に申し出る必要があります。介護終了までの間は、時間外労働や深夜労働の制限を求めることができます。

	介護休暇	介護休業
内容	要介護状態になった家族を介護するときに取得できる。1日または時間単位の取得が可能	2週間以上常時介護が必要となった家族を介護する場合に取得できる
取得条件	対象家族を介護する従業員（労使協定で定められた一定の従業員を除く）	対象家族を介護する従業員（労使協定で定められた一定の従業員を除く。また、パートタイマーなどの場合は、取得予定日から起算して、93日後から6カ月を経過する日までの間に契約期間が終了したり、契約が更新されないことがはっきり分かっていないこと）
期間	介護の対象となる家族1人につき、年5日まで（2人以上の場合10日まで）	通算93日間（3回まで分割可能）
給付金	なし	あり（介護休業給付金）
取得条件	介護休業を開始する前の2年間、1カ月あたり11日以上給与が支払われた月が12カ月以上あること（契約社員などの場合はこれに加え、介護休業開始から93日以降の6カ月間、雇用契約が終了することがはっきり分かっていないこと）	ただし、介護休業期間中に給与が支払われている場合、給与額に応じて減額されます。休業開始時の賃金日額の80％以上の給与が支払われている場合は、給付は受けられません。
支給額	支給額＝休業開始時の賃金日額×67%×支給日数（最大93日）	

POINT 2

介護休業給付金の申請

　介護休業給付金を受給するためには、会社を通じて申請する必要があります。会社がハローワークに介護休業給付金の申請をするのは介護休業が終わったあとなので、給付金がもらえるのは介護休業期間のあとということに注意しましょう。

必要なもの

労働者

- ☑ 介護休業給付金支給申請書
- ☑ 会社に提出した介護休業申出書
- ☑ 住民票や戸籍謄本（介護の対象となる家族との続柄などを示す）
- ☑ 介護期間中の勤務状況が分かるもの
- ☑ 受給期間中に支払われた賃金の額が分かるもの

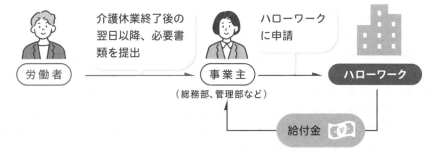

労働者 → 介護休業終了後の翌日以降、必要書類を提出 → 事業主（総務部、管理部など） → ハローワークに申請 → ハローワーク

給付金

POINT 3

要介護認定を受けよう

　介護休業や、公的な介護サービスを利用するためには、介護を受ける人が住んでいる自治体から介護度を決める要介護認定を受ける必要があります。介護度は「非該当」（要支援者、要介護者のどちらにも該当しない）、「要支援」1 ～ 2、「要介護」1 ～ 5の8段階で判定されます。

区分	目安
要支援	日常生活の基本的な動作はほぼ一人で行えるが、多少の支援が必要な人。
要介護	自分だけで日常生活を送ることが難しく、常時介護を必要とする状態の人。

転職時

副業

産休・育休

介護

病気やケガ、年金

CASE 89

介護休業が認められる のはどのような状況ですか?

Ⓐ 介護の対象が要介護2以上であること、また、一定の条件を満たした場合、介護休業が認められます。

㊞ 護休業とは、要介護状態にある対象家族を介護するための休業で、通算して93日まで取ることができます。具体的には「介護の対象が要介護2以上であること」となっていますが、これだけでは、介護の対象が要介護2に達していなかったら例外なく介護休業が取れないということになってしまいます。例えば、認知症になり、外出すると戻れないことがほとんど毎回あるにも関わらず要介護1以下ということもあるでしょう。このようなさまざまな事情に対応するため、右ページの表の①〜⑫のうち、「2」が2つ以上または「3」が1つ以上該当し、その状態が継続する場合も介護休業が認められています。

なお、会社が一方的に介護休業の1回あたりの取得期間を決めることは認められていません。よって、10日間だけ介護休業と取りたいということも可能ですよ。

似た名前の「介護休暇」は通院の付添いなどで短時間の休みが必要なときに活用できます。

▌ 常時介護を必要とする状態に関する判断基準 ▐

「常時介護を必要とする状態」とは、以下の【1】または【2】のいずれか
に該当する場合であること。

【1】介護保険制度の要介護状態区分において要介護2以上であること。

【2】下記の項目①～⑫のうち、状態「2」が2つ以上または「3」が1つ以上
　　 該当し、かつ、その状態が継続すると認められること。

項目　　　　状態	1	2	3
① 座位保持(10分間一人で座っていることができる)	自分で可	支えてもらえればできる	できない
② 歩行(立ち止まらず、座り込まずに5m程度歩くことができる)	つかまらないでできる	何かにつかまればできる	できない
③ 移乗(ベッドと車いす、車いすと便座の間を移るなどの乗り移りの動作)	自分で可	一部介助、見守りなどが必要	全面的介助が必要
④ 水分・食事摂取	自分で可	一部介助、見守りなどが必要	全面的介助が必要
⑤ 排泄	自分で可	一部介助、見守りなどが必要	全面的介助が必要
⑥ 衣類の着脱	自分で可	一部介助、見守りなどが必要	全面的介助が必要
⑦ 意思の伝達	できる	ときどきできない	できない
⑧ 外出すると戻れない	ない	ときどきある	ほとんど毎回ある
⑨ 物を壊したり衣類を破くことがある	ない	ときどきある	ほとんど毎回ある
⑩ 周囲の者が何らかの対応をとらなければならないほどの物忘れがある	ない	ときどきある	ほとんど毎回ある
⑪ 薬の内服	自分で可	一部介助、見守りなどが必要	全面的介助が必要
⑫ 日常の意思決定	できる	本人に関する重要な意思決定はできない	ほとんどできない

注) 各項目の1の状態中、「自分で可」には、福祉用具を使ったり、自分の手で支えて自分でできる場合も含む。
出典:厚生労働省　＊詳細は厚生労働省のサイトで確認してください

CASE **90**

介護保険 を使いたいと思います。
健康保険とは何が違うのですか?
事前にやることはありますか?

 介護保険を使う前に認定を受ける
必要があります。

　健康保険は、病院の窓口で保険証を出せばそれで受診でき、薬をもらうこともできます。しかし、介護保険は事前に認定を受けていなければ使えません。お住まいの自治体の役所の介護保険課や高齢者支援課など（各自治体で名称が異なります）で要介護認定の申請をしましょう。申請は本人だけでなく、家族、地域包括支援センターや指定居宅介護支援事業者なども、本人の意思をふまえて代理申請することができます。

　審査の結果、「非該当」（自立しているので該当しない）、要支援1〜2、要介護1〜5の8つの区分に分けられます。仮に「非該当」と判定された場合は、原則として介護サービスを利用することができません。あくまで判定された区分に応じた介護サービスを利用できるということになります。

　申請は随時可能です。認定後の有効期間の開始日は申請日となるので、介護生活が頭をよぎったら早めに準備を進めましょう。

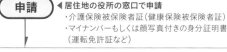

▌ 介護保険の申請 ▐

【申請】 ◀居住地の役所の窓口で申請
・介護保険被保険者証（健康保険被保険者証）
・マイナンバーもしくは顔写真付きの身分証明書
（運転免許証など）

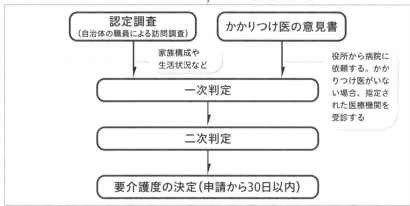

認定調査
（自治体の職員による訪問調査）

家族構成や
生活状況など

かかりつけ医の意見書

役所から病院に
依頼する。かか
りつけ医がいな
い場合、指定さ
れた医療機関を
受診する

一次判定

二次判定

要介護度の決定（申請から30日以内）

転職時

副業

CASE **91**

もっと知りたい！

介護保険の対象にならないのは？

介護の認定がおりたあと、介護度に応じて設定された金額分（支給限度額）の介護サービスを受けることができます（支給限度額以上のサービスを受けたい場合は全額自己負担となります）。例えば介護度が要介護3の利用者は、月額およそ26万円までサービスを組み合わせて利用できます。

支給限度額以内であれば、利用者は基本的にその1割を負担します。可能な限り支給限度額の上限まで使いたいところですが、対象外も多々あります。例えば、日用品雑貨や食費、被服、家賃は日常生活を送っていれば必ずお金がかかるものですので対象外となり、全額を支払う必要があります。デイサービスに通所して食事の提供がある場合も、食費は実費で支払うことが多いですね。毎月、利用者は利用した介護サービスを提供している会社や団体に1割の負担額もしくは実費を支払います。

産休・育休

介護

病気やケガ、年金

CASE **92**

父が認知症になり、介護が必要です。私は家のローンもあるので仕事を辞められません。介護休業を取得するとして、その間、何か 手当 はないのでしょうか?

 Ⓐ 介護休業給付金が93日間もらえます。

(ま)ず、介護休業に入る前の2年間に「1カ月あたり11日以上給与が支払われた月が12カ月以上」あれば、介護休業給付金の対象となります。また、会社と労働者代表との間で「入社1年未満の人は介護休業を取れない」というルール(労使協定)を締結していなければ、仮に入社直後であっても介護休業を取ることができます。介護休業を取っている間は一般的には給料が出ませんが、雇用保険から介護休業給付金として93日間、賃金日額の67%をもらえますので、仕事を辞める必要もなく、ある程度の収入を得ることができます。

社会保険料は免除されませんが、この給付金は非課税ですので所得税がかかりません。もし、今の会社のみでは在籍期間が足りなくて、介護休業給付金をもらえない場合であっても、前の会社で雇用保険に加入していれば、その会社の離職票をあわせて在籍中の会社に提出することで、もらえるようになる可能性もありますよ。

介護休業給付額の計算方法

$$\boxed{\text{休業開始時の賃金日額}} \times \boxed{67\%} \times \boxed{\text{休業した日数（最大93日）}}$$

　介護休業給付金は、介護休業を終えたあと、会社を通じてハローワークに申請します。必要な書類などは会社やハローワークに確認しましょう。

　介護が必要となる期間は長期化する可能性もあり、93日ではとても足りないと思われるかもしれません。勤務先や、介護の専門家であるケアマネージャーとよく相談しながら時短勤務と組み合わせたりして制度を活用してください。

CASE 93

もっと知りたい！

ケアマネージャーの探し方

ケアマネージャーは、要介護者や要支援者の相談を受けたり、心身の状況に合わせて適切なサービス（訪問介護など）を受けられるようにケアプランを作成し、利用の手配をしたりする介護支援専門員のことです。

ケアマネージャーは居宅介護支援事業所に所属しています。介護される人が住む自治体の介護保険課や地域包括支援センターで居宅介護支援事業所のリストをもらい、そのリストから条件に近い事業所を探します。自宅から近い事業所を選ぶ人もいますし、少々遠方でも質の高いケアプランを提供している事業所を選ぶ人もいます。介護する人・される人とケアマネージャー本人との相性も重要です。合わないと感じたら、何度でもケアマネージャーを変更することができます。

ケアマネージャーへの支払いはすべて介護保険から行われるため、利用者が立て替えたり支払いを負担することはありません。

CASE **94**

転職先の会社で再度、親の介護が必要になりました。

介護休業は2回 取れますか?

Ⓐ 正社員であれば、転職後も通算3回まで介護休業を取れます。

 社員であれば取得可能です。ただし、アルバイトなどの有期契約の人は、介護休業開始日から93日＋6カ月経過する日までに契約更新されないことが明らかな場合には取れません。しかし、「更新する場合がある」などの契約であれば、「更新されないことが明らかな場合」とはならないので、介護休業を取得できます。また、会社のルールで入社1年未満の人を介護休業の取得対象外としている場合もありますので、事前に確認しておきましょう。

介護休業の日数は前職と通算せず、介護対象が同一であってもまたゼロからカウントして93日まで取ることができます。なお、介護休業に入る前の2年間に「1カ月あたり11日以上給与が支払われた月が12カ月以上」あれば介護休業給付金の対象になりますが、こちらは介護対象が同一の場合、日数はリセットされず、前職と通算します。

例えば転職前に一度20日間、実父のための介護休業を取っており、転職後も実父の介護をするとしましょう。その場合、前職で取得した介護休業の日数から通算して93日（つまり残り73日）、合計3回まで給付金の申請ができます。もらえる金額は休業に入る前の賃金日額に基づき、改めて計算されます。日数や回数は事業所を管轄するハローワークで管理されています。

CASE **95**

介護休業の 対象となる家族 の範囲はどこまでですか？ 同居や扶養をしていれば、伯父や伯母も対象になりますか？

(A) 配偶者（事実婚含む）、父母、子、祖父母、兄弟姉妹、孫、配偶者の父母までです。

（介）護休業の対象となる家族は、同居や扶養をしたからといって拡大することはありません。伯父や伯母は対象家族に含まれていないということになります。また、「子」は養子を含めて法律上の親子関係がある「子」のみです。

❚ 介護休業の対象となる家族 ❚

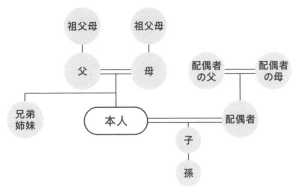

CASE 96

介護のために仕事を辞めます。年齢や辞めるタイミングによって 失業保険 の額は変わりますか?

Ⓐ **失業保険をもらえる時期が早まる可能性はありますが、金額は変わりません。**

 回の離職が、「家族の事情の急変」による離職として認められれば通常の自己都合退職ではなくなりますので、自己都合退職のときよりも失業保険を早くもらえるようになります。これは「特定理由離職者」という枠組みに入るからです。年齢や辞めるタイミングによって失業保険の額が変わります。まずはハローワークで状況を説明し、特定理由離職者に該当するか確認しましょう。

❚ 特定理由離職者の範囲と判断基準 ❚

(3)父若しくは母の死亡、疾病、負傷等のため、父若しくは母を扶養するために離職を余儀なくされた場合又は常時本人の看護を必要とする親族の疾病、負傷等のために離職を余儀なくされた場合のように、家庭の事情が急変したことにより離職した者

父又は母の死亡、疾病、負傷等に伴う扶養の例及び常時本人の看護を必要とする親族の疾病、負傷等の例であり、この基準は「家庭の事情の急変」による離職が該当します。

常時本人の介護を必要とする親族の疾病、負傷等により離職した者(心身に障害を有する者の看護のために離職した者を含む。)といえるためには、事業主に離職を申し出た段階で、看護を必要とする期間がおおむね30日を超えることが見込まれていたことが必要です。

なお、自家の火事、水害等により勤務継続が客観的に不可能又は困難となった理由があると認められるときはこの基準に該当するものであり、学校入学、訓練施設入校(所)、子弟教育等のために離職することはこの基準に該当しません。

出典:厚生労働省「特定受給資格者及び特定理由離職者の範囲と判断基準」(一部抜粋)下線は編集部で追加

家族の介護を理由に辞めたのに、離職票には「一身上の都合により自己都合退職」と書かれています。

離職理由を正したい 場合はどうしたらよいですか?

ハローワークで変更できる可能性があります。

転職時

副業

の離職票を持ち、ご自身の居住地を管轄するハローワークで事情を説明すると、離職理由を変更することができます。

現在お手元にある離職票の離職理由は、会社側の見解にすぎませんので、最終的にはハローワークで離職理由が決まります。前の職場との見解の違いがある場合は、ハローワークから辞めた職場に問い合わせがいくこともありますが、介護を理由に辞めたという場合でしたら、医師の証明（医療機関によっては費用が発生する場合があります）や親族関係の証明（戸籍謄本や住民票）を提出することで実態に基づいた離職理由に変更することができます。

産休・育休

介護

病気やケガ、年金

介護のお金と手続き

CASE **98**

現在 パート勤務 です。介護休業給付金はもらえますか?

A

一定期間が経過したあとも契約が更新される見込みの人であれば、介護休業が取れ、給付金ももらえます。

パートをはじめ非正規雇用の人は、①介護休業開始予定日から93日＋6カ月後も働き続ける可能性があること、②入社1年未満の人を労使協定によって介護休業を取れる対象から除外している会社でない、以上の2点をクリアしていれば、介護休業を取ることができます。

そして、介護休業を開始するまでの2年間に「1カ月あたり11日以上給与が支払われている月が12カ月以上」あれば、介護休業給付金ももらえます。有給休暇を取った日も全額給与が払われますので、1日にカウントされます。注意点として、「介護休暇」を取って介護をした場合は「介護休業」を取ったことにはならないので介護休業給付金はもらえません。介護休業と介護休暇の違いはCASE **89**でご確認ください。あくまで「介護休業」を取った場合が対象ですね。

なお、介護休業給付金は賃金日額の67％なので、有給休暇がある程度残っている場合は100％の賃金保障がある有給休暇から取るのがよいです。

CASE 99

約1年間の 育休から復帰 したも
のの、今度は親が倒れてしまい、
介護休業を取りたいと考えています。
介護休業給付金はもらえますか?

A 介護休業給付金をもらえる可能性
があります。

 の事例に限らず、第1子が生まれてから間が開かずに第2子のための産休を取るケースも同様ですね。介護休業給付金を受け取るためには、休業を開始するまでの2年間に「1カ月あたり11日以上給与が支払われた月が12カ月以上」必要ですが、緩和措置があります。具体的には最長4年間までさかのぼって給与の支払い実績を見てもらえます。例えば、第1子のときに2年間の育休、続けて第2子でも2年間の育休を取って、さらに続けて第3子で育休を取るという場合、4年間まったく給与が支払われていないため給付金がもらえないという可能性はありますが、このような特殊なケースでもなければ、介護休業にも同様のことが言えますので給付金をもらえる可能性があります。

CASE **100**

兄弟姉妹と一緒に父の介護をすることになりました。それぞれ職場で雇用保険に入っていますが、それぞれ介護休業給付金はもらえるのですか?

 Ⓐ 要件を満たせばそれぞれ介護休業給付金をもらえます。

(兄) 弟姉妹が①正社員になって1年以上経っていること(ただし社則で入社1年未満の人も介護休業を取得できるとされていれば可能)②休業を開始するまでの2年間に「1カ月あたり11日以上給与が支払われた月が12カ月以上」あることという要件を満たせば介護休業給付金の対象です。

なお雇用保険は、代表取締役は例外なく入れませんが、取締役の場合、会社を通じてハローワークに申請をして労働者性が認められれば、雇用保険に加入できる場合がありますよ。

CASE **101**

介護休業中に働いて給与をもらった場合、介護休業給付金はどうなりますか?

Ⓐ 働いた日数や時間数によっては減額されたり、全額もらえなくなったりすることがあります。

転職時

副業

産休・育休

介護

病気やケガ、年金

介 護休業給付金は、そもそも働く日数がおおむね月に10日以下でないともらえません。休業中に介護休業前の給与水準の80％以上の給与をもらってしまうと、介護休業給付金は一切もらえなくなります。逆に言えば、月に10日以下であれば働いてもよいのです。

介護休業前の給与水準の13％以下であれば給付金が全額もらえますが、13％を超えて80％未満の給与をもらうと減額されてしまいます。介護休業前の給与水準とは、介護休業前6カ月間の給与総支給額（所得税や社会保険料を引く前の額で賞与は入れません）を180で割った額です。

❙ 会社から給与の支払があった場合の給付額 ❙

月給の13％を超えた分が減る

80％

給料満額（100％）

給付金 67％

給付金

給付金なし

月給の80％以上

月給の13％以上

月給の13％未満

CASE **102**

育休を取ろうと思いますが、このタイミングで母の介護が必要となり介護休業も頭をよぎっています。**どっちを取るのがお得** ですか?

 A 育休の取得をおすすめします。

社 会保険料の免除制度に限定すれば、育休を取るほうがお得です。育休期間中は、給与と賞与の両方に対して社会保険料の免除制度があります。しかし、介護休業には社会保険料の免除制度がありません。

また、介護休業が最大93日までしか取れないのに対し、育休は約360日（男性の場合）まで取れ、育児休業給付金も介護休業給付金と同率の「休業前の給与水準の67%」がもらえます。育休は分割取得も可能で、原則子供が1歳になるまで取れます。

CASE **103**

もっと知りたい！

子供に対しても介護休業が取れることがあります

介護休業の取得要件は「負傷・疾病または身体上もしくは精神上の障害により、2週間以上の期間にわたり、常時介護を必要とする状態」です。これらの対象は高齢者に限りません。例えば小学生の子供が不登校になり、自分の体を傷つけるといった問題行動が見られるため会社を休む必要がある場合、介護休業の取得に該当します。会社から主治医の診断書などを求められる可能性もありますが、まずは会社に相談してみましょう。

CASE **104**

介護の負担が大きくなり、正社員からパートになろうと考えています。社会保険料 は毎年9月に変わっていますが、それまで高い保険料を払い続けないといけないのでしょうか?

 Ⓐ **9月を待たずに社会保険料を下げることができます。**

㋒ 員からパートになることで雇用契約の内容自体が変わります。契約を変更してから4カ月後に標準報酬月額の等級区分が2等級以上変動（等級にもよりますがおおむね月額2万円以上）していれば9月を待たずに社会保険料を下げることができます。例えば月給が時給になり、働く時間数も減っている場合、条件にあてはまる可能性が高いですが、3カ月間は変化を見るための期間となるため待たなければいけません。

　ただし、社会保険料は老後の年金や、現役中でもご自身が病気で働けなくなったときにもらえる傷病手当金にも直結しますので、下がることがよいとは一概に言えません。しかし、月々の保険料の負担が重いと働く意欲がなくなってしまうなどの問題をはらんでいるので、活用できる制度として頭に入れておきましょう。

CASE **105**

定年退職 しました。親の介護が始まる前に長期の海外旅行に行った場合、失業保険をもらい始めるのを延長できますか?

 Ⓐ 最大1年間延長できます。

定 年退職後2カ月以内にハローワークに受給期間延長の申請をすれば、失業手当の受給開始を最大1年間延長できます。つまり、本来は退職してから1年間の中で失業保険をもらうところ、1年の延長を加算して、退職後2年間の中で所定給付日数分もらえるようになります。

失業保険をもらうための前提として、働く意思と能力がなければなりません。長期の海外旅行となると、旅行中は、働く能力はあっても意思があるとは考え難いですよね。

延長したあとに再就職活動をすることにして帰国してからもらい始めれば、可能な限り「もらい損ね」を防ぐことができます。なお、CASE **148** も考え方は同じです。この場合、もちろん介護休業給付金はもらえません。

例えば、定年退職後に継続雇用された社員であれば、介護休業が取れ、介護休業給付金ももらえます。

CASE **106**

同居する 親の介護保険料や介護サービスの費用が高い です。
減らす方法はありますか？

Ⓐ 「世帯分離」という方法が考えられます。

直 接的に介護保険料を減額するということではありませんが、「世帯分離」という方法が考えられます。「世帯分離」とは、同じ住所に住んでいる人が住民票上の世帯を分けるということです。世帯分離をすることによって、親の所得のみが介護保険料などの算定基準となりますので、結果的に支出を減らすことができます。

介護サービスの利用者負担は、介護保険制度が始まった当初は一律で1割負担でした。しかし現在では世帯の所得で割合が変わってきます。世帯分離をすると親と子の所得が切り離されるので、少なくとも同居する子の所得を合算される心配がなくなります。ただし、別世帯となりますので、親の行政手続きの際に委任状が必要になるなどデメリットもあります。まずは介護される人が住む市区町村の役所に相談して比較検討してみましょう。

▌ 世帯分離のメリット・デメリット ▐

メリット	デメリット
・世帯の所得が減るため、介護負担（高額療養費、介護保険料の自己負担額など）が軽減できる	・行政手続きの際に委任状が必要になる ・勤務先から扶養手当や家族手当などが受け取れない

CASE **107**

介護中の 父を扶養する 予定です。扶養したために発生するデメリットはありますか?

Ⓐ 高額の医療費がかかっていると、医療費の支払いが増える可能性があります。

㊂ 養すると、父親は健康保険の保険料を支払わなくてよくなるというメリットがあります。このメリットは小さくありません。ただし、高額療養費制度の所得の基準があなたの給与となりますので、父親の高額療養費の基準が上がるというデメリットがあります。これは、父親が医療機関の窓口で負担しなければならない医療費の額が高くなることを意味します。

年齢を重ねると医療機関を受診することは多くなりますが、すでに重い持病を患っていて、医療費もそれなりにかかっている場合はむしろ支出が増えてしまうというケースもあるので、予想される支出額を比較検討して決めるのがよいです。

▌ 親を扶養するメリット・デメリット ▌

メリット	デメリット
・所得税・住民税の減税 ・健康保険料や介護保険料が不要	・報酬により、医療費の自己負担上限額が上がる

▌ 扶養できる条件 ▌

・生計を一にしている
・自身が75歳未満である
┌ 親が60歳未満
│ …親の年収が130万円未満
│ 親が60歳以上、または障害者
└ …親の年収が180万円未満

┌ 同居の場合
│ …親の収入が子の収入の半分未満
│ 別居の場合
└ …親の収入が子からの仕送り金額より少ない

CASE **108**

介護中の父が長期入院することになりそうです。 高額療養費制度の対象にならないもの はどんなものですか?

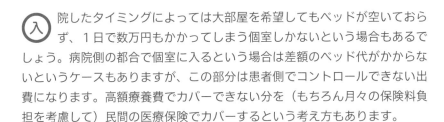

A 入院中の食事代や差額ベッド代は高額療養費制度の対象外ですので、全額自己負担となります。

院したタイミングによっては大部屋を希望してもベッドが空いておらず、1日で数万円もかかってしまう個室しかないという場合もあるでしょう。病院側の都合で個室に入るという場合は差額のベッド代がかからないというケースもありますが、この部分は患者側でコントロールできない出費になります。高額療養費でカバーできない分を（もちろん月々の保険料負担を考慮して）民間の医療保険でカバーするという考え方もあります。

CASE **109**

介護中の68歳の父が複数の診療科にかかることになりました。高額療養費の観点からは 病院は分けたほうがよい のでしょうか?

 高額療養費の観点からは、可能な限り同じ医療機関でまとめて受診したほうがお得です。

70 歳未満の人は医療費の自己負担額が21,000円以上でなければ合算ができません。例えばA病院に整形外科の手術のため入院して50,000円の自己負担があり、さらにB病院の消化器系の治療のため通院して自己負担額が30,000円かかり、ほかにC病院の眼科にもかかり、自己負担額が10,000円だったとします。そうした場合、A病院とB病院は合算できますが、C病院は21,000円未満ですので合算できません。つまり、複数の診療科がある医療機関にかかれば医療費をまとめて計算してくれますので、お得になると言えます。

▲ **医療費の自己負担額の合算** ▲

A病院 整形外科	B病院 消化器科	C病院 眼科
50,000円	30,000円	10,000円
合算可能		合算不可

介護中の68歳の父が専門的な治療を受けるために 複数の医療機関 にかかっています。その場合、高額療養費はどうなりますか？

Ⓐ 高額療養費として合算できない場合でも、自己負担限度額が引き下げられる可能性があります。

⑦⓪ 歳未満の人であれば、1つの医療機関で1カ月21,000円以上支払ったときのみ高額療養費の対象になりますので、例えば5か所の病院でそれぞれ月に20,000円ずつかかってもまったく対象になりません。

しかし、高額療養費とは別に負担を小さくできる仕組みが2つあります。1つは「世帯合算」といい、同じ世帯で同じ医療保険に加入している人の自己負担額を1カ月単位で合算できる仕組みです。もう1つは「多数回該当」といい、過去12カ月以内で3回以上、高額療養費の対象となった場合に4回目以降は自己負担限度額が引き下がる仕組みです。

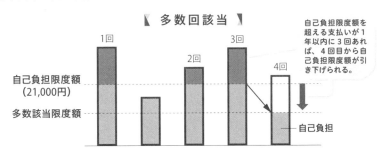

多数回該当

自己負担限度額を超える支払いが1年以内に3回あれば、4回目から自己負担限度額が引き下げられる。

自己負担限度額（21,000円）

多数該当限度額

1回　2回　3回　4回

自己負担

CASE **111**

介護中の母に付き添い病院に行きます。最近は院外処方が多く、医療費と薬代が別々にかかります。高額療養費上、不利ではないですか?

(A) 院外処方の場合、処方箋を書いた医療機関と薬局は同じ医療機関とみなされますので、不利にはなりません。

(高) 額療養費で不利になることはありませんが、調剤薬局ですぐに高額療養費が適用されるわけではないので、一旦は支払いが必要となります。後日、加入している健康保険(協会けんぽや国民健康保険など)に対して高額療養費支給申請書を提出し、払い戻しの手続きを行いましょう。払い戻し手続きの際は領収書が必要となるので、大切に保管しておきましょう。高額療養費は払い戻しまで通常3カ月以上かかります。そのため、当面の高額な医療費の支払いをサポートする「高額療養費貸付制度」という高額療養費支給見込額の8割にあたる額を無利子で貸付してくれる制度を利用することもできます。医療機関の承諾を得たあと、保険証を持って居住地の役所の担当課で申請書をもらいます。医療機関で必要書類を記入してもらい、役所に提出すれば申請完了です。

なお、69歳以下の人は自己負担が21,000円以上になる場合に限って医療費と薬代を合算できます。具体的な手続き方法は加入している健康保険によって異なりますので、事前に確認しておきましょう。

　#高額療養費　#健康保険

CASE **112**

夫の介護が始まりますが私も病気がちです。
高額療養費上は 医療費が別々に 算定 されてしまいますか?

A 家族の分を合算して申請できる、「世帯合算」という仕組みがあります。

 じ医療保険に加入している家族で自己負担額が月に21,000円以上（70歳以上は21,000円未満でもOK）の場合、家族の分を合算して申請できる「世帯合算」という仕組みがあります。世帯合算できるのは、同じ世帯で同じ医療保険に加入している人です。例えば夫が妻を扶養している場合、同じ医療保険に加入しているということになりますので対象です。つまり、夫のみでは対象にならなくても、妻の分も合算して高額療養費の対象になる可能性があるということです。

基本的に高額療養費制度は自己負担限度額を超えた分のみ「払い戻し」される仕組みです。もし高額な費用がかかるという見込みがある場合、あらかじめ加入している健康保険（協会けんぽや国民健康保険など）に申請書類を提出し、「限度額適用認定証」をもらっておけば、1カ月の窓口の支払いを自己負担限度額までに抑えることができますので、もっとお財布に優しいですよ。

CASE **113**

75歳以上は 健康保険が変わる と聞きました。何がどう変わりますか？特に病院にかかったときの窓口負担額が気になります。

Ⓐ 後期高齢者医療制度に移行し、一般的な所得の人の場合、医療費は1割負担となります。

㊵ 歳以降は、それまで家族の扶養に入っていた人でも全員一律に後期高齢者医療制度に「移行」します。病院にかかったときの窓口負担額は2022年10月1日以降、現役並みの所得者は引き続き3割負担、一定以上の所得（課税所得が28万円以上かつ、年金収入＋その他の合計所得金額が単身世帯で200万円以上、75歳以上が2人以上いる複数世帯で合計320万円以上）がある人は2割負担となりました。これに該当しない所得の人は1割負担となります。

　後期高齢者医療制度への移行は原則75歳以降となりますが、一定の障害があると認定された人は、お住まいの自治体の役所の高齢者医療担当窓口で申請することで、65歳から後期高齢者医療制度に加入することができます。後期高齢者医療制度に加入することで、現在加入中の健康保険などよりも支払う医療費が低くなるため、有利になることもありますよ。

CASE **114**

仕事を継続しながら母の介護のため同居することに
なりました（父はすでに他界）。世帯主は私です。

母は60歳まで年金の保険料を支払わなければなりませんが、**母には収入がありません**。何かよい方法はありませんか?

A 50歳未満であれば「納付猶予」が選択できます。

同居で世帯分離をしていない場合、世帯主の収入で判断されてしまうため「国民年金保険料の免除」は使えません。しかし、母親が学生ではなく、50歳未満であれば「納付猶予」が選択でき、保険料の支払いが原則翌年の6月分まで（1〜6月に申請したときは、その年の6月分まで）猶予されます。納付猶予が認められた期間は保険料を支払っていませんので、将来もらえる年金は増えません。ただし、納付猶予申請の手続きをしておくことで、仮に事故に遭ったり、障害を負ったりしたときのための障害基礎年金の受給資格を確保できることになります。単に保険料を滞納し続けると障害基礎年金の保険料納付要件も満たさなくなるので必ず手続きをしておきましょう。申請は、「国民年金保険料免除・納付猶予申請書」を自治体の役所の国民年金担当窓口か、最寄りの年金事務所に提出します。

CASE **115**

母の年金が少なく将来が不安です。65歳を過ぎているので年齢的に 年金を増やせる選択肢 はそう多くはないと思うのですが、何か方法はありますか?

 年金低額者向けに「年金生活者支援給付金」という制度があります。

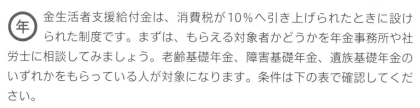

金生活者支援給付金は、消費税が10%へ引き上げられたときに設けられた制度です。まずは、もらえる対象者かどうかを年金事務所や社労士に相談してみましょう。老齢基礎年金、障害基礎年金、遺族基礎年金のいずれかをもらっている人が対象になります。条件は下の表で確認してください。

　もらえる金額は多くてもおよそ月額5,000円ですが、それでも貴重な収入源です。今からでも確認してみましょう。

年金生活者支援給付金の対象

老齢年金	障害年金	遺族年金
・65歳以上の老齢基礎年金の受給者である。 ・同一世帯の全員が市町村民税非課税である。 ・前年の公的年金などの収入金額とその他の所得との合計額が881,200円以下である。	・障害基礎年金の受給者である。 ・前年の所得が4,721,000円以下である。	・遺族基礎年金の受給者である。 ・前年の所得が4,721,000円以下である。

出典：厚生労働省　年金生活者支援給付金制度について

78歳の父の自動車の運転が不安です。運転免許証を自主返納させたいのですが、本人は渋っています。返納することに何かメリットはありませんか?

Ⓐ 自治体によっては、宿泊や公共交通機関利用時に割引きがあります。

転免許証を自主返納すると、行政手続きなどの際に本人確認書類として使用していた人は不便に感じ、免許証を返納することに慎重になられることも多いです。しかし、返納しても過去5年間の運転経歴を証明する「運転経歴証明書」が交付され、本人確認書類として使用できます。サイズも運転免許証と変わりなく、有効期限もありません。なくしてしまった場合には再交付手続きもできますよ。ただし、運転免許証ではないので、運転はできません。東京都の場合、自主返納すると一部のホテルのレストランなどが割引利用できるメリットもあります。

転職時
副業
産休・育休
介護

病気やケガ、年金

CASE **117**

老老介護 です。もしも母より私が
先立つことがあれば、年金も少なく、
お金のことが心配です。何かよい
方法はありませんか?

 自宅を担保にして生活資金を借り
入れる「リバースモーゲージ」という
仕組みがあります。

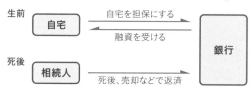

(高) 齢の人にとって生活環境が変わることは、そのこと自体がストレスと
なったり、危険と隣り合わせになったりすることもあります。リバー
スモーゲージとは、自宅に住み続けながら自宅を担保にして生活資金を借入
して、借入人が亡くなったときに自宅を処分して借入金を返済する仕組みで
す。これは高齢者向けの貸付制度と言われています。リバースは逆、モーゲー
ジは抵当権と訳されます。住宅ローンは一括で融資を受けて、毎月返済をし
ていきますが、リバースモーゲージは一括で借り入れ、最後にまとめて返済
することからリバース（逆）という名称になっています。詳しくは銀行に相
談してみましょう。

▌ リバースモーゲージの仕組み ▐

生前　自宅　──自宅を担保にする──▶　銀行
　　　　　　◀──融資を受ける──

死後　相続人　──死後、売却などで返済──▶　銀行

CASE **118**

父が、返却していなかった 前の会 社の保険証を誤って使用 してしまいました。現在は国民健康保険です。どう対応したらよいでしょうか?

Ⓐ 国保から請求された領収書と診療報酬明細書を保管しておき、国保に手続きしましょう。

仮 に10万円の医療費がかかったとして、窓口で3割負担分の3万円を支払っているはずなので、健康保険から残りの7万円が請求されます。これで誤って使ってしまった保険証での清算が終わります。診療報酬明細書と7万円の領収書は捨てずに保管しておきましょう。その後、国民健康保険へ手続きをすれば7万円が還付されます。

保険証は退職日までしか使えません。任意継続を選択した場合も同様で、退職が確認されたあと1～2週間で任意継続の保険証が加入した健康保険組合や日本年金機構から届きます。

また、75歳以降も同じ職場で働く場合や国保に加入している場合でも、75歳以降は全員が後期高齢者医療制度に移行となり、それまで利用していた保険証は使えなくなりますので注意しましょう。

転職時

副業

産休・育休

介護

病気やケガ、年金

CASE **119**

親の介護生活が始まる前に、お金 のこと でやっておいたほうがよい ことはありますか?

A 「ねんきん定期便」を確認しておき ましょう。

今 後長い付き合いになる「年金」の情報が書かれている「ねんきん定期 便」を確認しておきましょう。介護生活以降は労働収入がなくなり、 定期的な収入源は年金のみとなる人も多いはずです。もし、納付記録の漏れ があれば年金事務所や社労士に相談をしましょう。仮に保険料の納付漏れが あっても2年より前の分を後から納付することはできません。また、過去に 就職していた期間の記録がなかったり、年金手帳が複数あって統合されてい なかったりする場合もあり得ます。年金の時効は5年間と決まっており、す でにもらい始めている場合は、どんどん時効が進んでいきますので、早めに 確認しておきましょうね。

◤ 年金の情報の得方 ◢

①**ねんきん定期便**……毎年の誕生月に日本年金機構から郵送されるはがきです。これ
まで納めた保険料の実績や、将来の年金の納付に関する情報
が記載されています。(右ページ参照)

②**ねんきんネット**……基礎年金番号をもち、ねんきんネットに登録された人が利用
できるインターネットサービスです。自分の年金記録の確認に
加え、年金見込額の試算もできます。

⬥ ねんきん定期便 ⬥

例 令和4年度の50歳未満の人の「ねんきん定期便」の見方

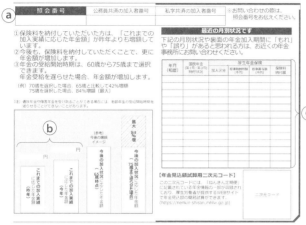

ⓐ 照会番号
「ねんきん定期便」
「ねんきんネット」へ
問い合わせる際に
必要となります。

ⓑ これまでの
加入実績に応じた
年金額

ⓒ これまでの
国民年金の
納付状況

ⓓ これまでの
保険料納付額
（累計額）

ⓔ これまでの
年金加入期間
（間違いがないか
チェックしましょう）

ⓕ これまでの加入実績に応じた年金額
この欄に表示がない場合、年金加入記録
を補正する必要があるので、最寄りの
年金事務所に問い合わせてください。

ⓖ ねんきんネットの「お客様のアクセスキー」
ねんきんネットに登録する際に必要となる
17桁の番号です。この番号を使用して、
ユーザーIDを取得します。

要介護認定ってなに？

受けられる介護サービスや支給限度額を決めるもの

　介護保険を使う際に必要になるのが要介護認定です。介護サービスの必要度を判断するもので、身体の状態に合わせて「非該当」含めて8段階に分かれ、それぞれ利用できる介護サービスや、1カ月あたりの利用限度額が異なります。所得によって利用限度額の1〜3割が自己負担となり、限度額を超えた場合は自己負担となります。

▌ 要支援・要介護の目安 ▐

	目安	居宅サービスの1カ月あたりの利用限度額
要支援1	自宅での生活において、日常生活動作（食事・排泄・入浴・掃除）を一人でできるが、手段的日常生活動作（買い物・金銭管理・内服薬管理・電話利用）のどれか一つに一部見守りや介助が必要な人。	50,320円
要支援2	要支援1に加え、足の筋力低下により歩行状態が不安定な人。今後、日常生活で介護が必要になる可能性のある人。	105,310円
要介護1	手段的日常生活動作のどれか一つに毎日介助が必要な人。日常生活動作でも歩行不安定や足の筋力低下により一部介助が必要な人。	167,650円
要介護2	手段的日常生活動作や日常生活動作の一部に毎日介助が必要な人。認知症の症状がみられ、日常生活にトラブルのある可能性がある人も含まれる。	197,050円
要介護3	自立歩行が困難な人で、杖・歩行器や車いすを利用している人。手段的日常生活動作や日常生活動作において、毎日、全面的な介助が必要な人。	270,480円
要介護4	移動に車いすが必要で、常に介助なしでは日常生活を送ることができないが、会話ができる人。	309,380円
要介護5	ほとんど寝たきりの状態で、意思の伝達が困難で、自力で食事できない人。日常生活すべての面で、常に介助がないと生活することが困難な人。	362,170円

第 **5** 章

病気やケガ、年金のQ&A

こんな人に関係あります

- ☑ 自分が病気やケガをした人
- ☑ 将来の年金がどうなるか心配な人
- ☑ 保険料の支払いが大変だと感じている人
- ☑ 退職、離婚などを考えている人

病気やケガはある日突然私たちに襲いかかってきます。どんなときも慌てず正しく対応するために、ふだんから知識を得ておきましょう。また、年金は老後の貴重な収入源となります。仕組みや制度を理解して、少しでもお得にもらいましょう。

蓑田先生

病気やケガのキホン

会社で働く人は「協会けんぽ」または「健康保険組合」に加入します。

加入要件を満たさないが扶養に入っていないパートタイマーなどは、都道府県や市区町村が運営する国民健康保険に加入します。

労災保険は、非正規雇用を含めたすべての従業員が対象です。保険料は企業が全額負担します。

正社員

契約社員

パートタイマー

フリーランス

企業

POINT 1

働く人は病気やケガをしても補償がある

業務外の病気やケガで会社を休む場合に協会けんぽ、または健康保険組合から傷病手当金がもらえます。①療養中で仕事ができないこと、②4日以上仕事を休んでいること、③給与の支払いがないことが条件となります。

病気でしばらく仕事をお休みすることになりました…

→ 協会けんぽ 健康保険組合

「傷病手当金」を給付します。企業を通して申請してください。

1日あたりの支給額＝支給開始日以前の継続した12カ月間の各月の標準報酬月額を平均した額÷30×2/3（最大1年6カ月間）

通勤途中に転んで骨折！入院することに…

→ 労災保険

治療費を全額支給する「療養（補償）等給付」、休業中の賃金を補償する「休業（補償）等給付」を給付します。本人または企業が書類を作成し、医療機関や労働基準監督署に提出してください。

業務で起きた病気やケガに対しては、労災保険から給付金がもらえます。自営業者などを除くすべての労働者に適用され、休業（補償）等給付を受ける場合、これに加えて「休業特別支給金」も支給されます。

支給額　休業（補償）等給付＝給付基礎日額の60%×休業日数（制限なし）
　　　　＋休業特別支給金＝給付基礎日額の20%×休業日数（制限なし）

「高額療養費制度」を申請すれば、医療機関に支払う医療費が1カ月の自己負担限度額を超えた場合、超えた分のお金が戻ってきます。

年金のキホン

国民年金（基礎年金）は、20歳以上60歳未満の日本国内に住むすべての人が加入します。

第2号被保険者は社会保険に加入している会社で働いていると、厚生年金にも加入することになります。保険料は事業主と被保険者で折半します。

個人事業主などは第1号

フリーランス

会社員などは第2号

正社員　契約社員

第2号被保険者に扶養されている配偶者は第3号

パートタイマー

企業

POINT 1
v
会社員は企業年金を選べることも

　3階部分（ p16、17「年金制度ってなに？」参照）にあたる年金の一つに企業年金があります。従業員だけでなく会社も保険料を出し、金融機関などで運用します。

	種類	内容
確定給付型：あらかじめ給付額が確定している年金	確定給付企業年金	企業が従業員と給付について約束し、それに基づいた給付を高齢期に行う
	厚生年金基金	老齢厚生年金の一部を企業が代行し、企業独自の年金を上乗せして給付する
確定拠出型：運用実績によって給付額が変動する年金	企業型確定拠出年金	企業が拠出した掛金を、従業員が運用し、その結果による給付を受け取る。そのため、従業員本人だけでなく企業も保険料を負担する形となる。原則として、60歳以降に受け取り可能

POINT 2
v
現役世代でも公的年金がもらえる

　公的年金がもらえるのは老後だけではありません。障害認定を受けたときや、主たる生計者が死亡し、遺族になったときも年金をもらうことができます。

老齢年金
原則65歳からもらえる

障害年金
病気やケガで一定の障害状態になったときにもらえる

遺族年金
死亡した人に扶養されていた配偶者や子供などがもらえる

転職時

副業

産休・育休

介護

病気やケガ、年金

病気やケガ、年金の手続き

CASE **120**

2週間ほど入院することになりそうです。高額療養費の視点から いつごろ入院するのがお得 ですか?

Ⓐ 2週間ほどの入院なら、1〜7日くらいまでに入院するとよいでしょう。

 院から入院日の指定がなく、患者側が選べて、かつ、高額療養費を気にする場合、月の下旬から翌月の上旬というスケジュールは避けましょう。なぜなら、高額療養費はその月の1日から末日で高額療養費の限度額に達するか否かを算定するからです。月をまたいでしまうと、前月の分は前月のみで算定されてしまいます。

◥ 高額療養費の算定期間 ◤

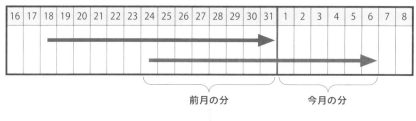

　#高額療養費　#通勤災害　#労災

通勤途中に駅の階段で転んでケガをした場合は労災保険が使えると思いますが、通勤災害はどこからどこが認められるのですか?

Ⓐ **お住まいが集合住宅の場合は、玄関を出たあとから対象です。**

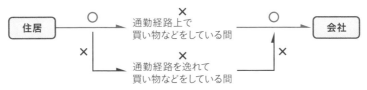

住 居がマンションなどの集合住宅の場合は、玄関を出た共用スペース内などでも対象となります。戸建ての場合は、玄関から家の門扉の間や庭などで負傷した場合は対象になりません。

　また、集合住宅・戸建てに関わらず、コンビニでの買い物など本来の通勤経路を「逸脱している間」でのケガは対象外です。ただし、買い物を終えて、本来の通勤経路に戻ってから負ったケガは対象になります。通勤経路は、毎日必ず同じでなければいけないということはありません。工事をしていたので仕方なく迂回するケースもあるでしょうし、一般的に合理的な経路であれば通勤経路とみなされます。

▌ **通勤災害の対象** ▐

| 住居 | ―○→ | ✕
通勤経路上で
買い物などをしている間 | ―○→ | 会社 |

　✕　　　　　✕
通勤経路を逸れて
買い物などをしている間

転職時

副業

産休・育休

介護

病気やケガ、年金

CASE **122**

傷病手当金 をもらっていますが、退職することに決めました。失業保険ももらうにはどうすればよいですか?

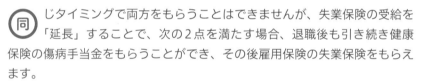

Ⓐ **同時に両方はもらえません。失業保険の受給の延長手続きをしましょう。**

 じタイミングで両方をもらうことはできませんが、失業保険の受給を「延長」することで、次の2点を満たす場合、退職後も引き続き健康保険の傷病手当金をもらうことができ、その後雇用保険の失業保険をもらえます。

☑ 退職日までに継続して1年以上の健康保険の被保険者期間がある。

☑ 退職時に傷病手当金を受けているか、または受ける条件を満たしている。

　まず傷病手当金は、働けないという医師の診断があり、その働けない間の収入補填という位置づけです。失業保険は、働く意思と能力がある人の再就職活動中の収入補填となるので、理論上、同時にはもらえません。なぜなら医師から働けない状態という診断があったということは、少なくとも働く意思はあっても働く能力が（現時点では）維持されていることにはならないためです。よって、働ける状態になるまで失業保険の受給を延長し、晴れて働ける状態になってから失業保険をもらうようにしましょう。延長は本来の受給期間1年プラス最長3年の計4年までできますが、あまり遅くなるともらいきれなくなる場合もあるので早めに手続きしましょうね。

CASE **123**

転職時

病気でしばらく休職します。傷病手
当金を使いますが、 有給休暇 も
かなり残っています。どのように申請
するのがお得ですか?

副業

A 休職前の3日間に有給休暇を使い
ましょう。

産休・育休

介護

 病手当金は、健康保険に入っている人がもらえるものです。しかし、
働けなくなった日から「連続して3日間」は待期期間となり、どんな
に重篤な状態でも、制度上、傷病手当金をもらうことはできません。その3
日間は有給休暇を使用するとよいでしょう。有給休暇の取得によって収入が
補填されても、傷病手当金には影響がありません。3日間の待期期間が明け
たあと、傷病手当金として実際にお金がもらえる期間に入っていきます。

　傷病手当金は通算で「1年6カ月分」もらえます。例えば復職したものの
また働けなくなった場合、手当をもらっていない期間は通算されません。そ
れとは別に、職場の就業規則でどのくらいの間休職できるのかを確認してお
きましょう。傷病手当金の申請は加入している健康保険へ、基本的に会社を
通じて給与の締日に行います。申請後、早くて2週間後に振り込まれます。

病気やケガ、年金

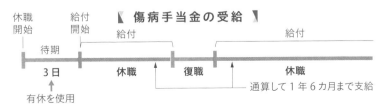

▌ **傷病手当金の受給** ▌

休職開始 / 給付開始 / 給付 / 給付

待期

3日（有休を使用） / 休職 / 復職 / 休職

通算して1年6カ月まで支給

151

CASE 124

メンタル疾患を患い、==休職と復帰を繰り返し==ています。傷病手当金は1年6カ月間しかもらえませんが、途中で復帰した期間が長いと実際にもらえる期間が少なくなるということですか?

Ⓐ 実際にもらう期間のみを合算して、1年6カ月もらえるようになりました。

通 算して「1年6カ月分」もらえるように法改正されましたので（2022年1月）、途中で復帰された場合など、もらっていない期間はカウントされません（CASE **123**）。法改正の前は一度もらい始めたらその日から1年6カ月間もらえるというルールでしたが、近年増加するメンタル疾患の場合、復職と休職を繰り返しやすいという性質があり、制度自体が時代に対応できていないという声もあったことから法律の改正が行われました。もちろん、傷病手当金の前提として、医師による働けないという証明が必要となるので、その点は忘れないようにしましょうね。診断されたら会社の上長や管理部門などに手続きの相談をしましょう。

傷病手当金をもらいながら休職していますが、休職前の在籍期間を評価していただき若干 賞与をもらえる ようです。この場合、傷病手当金は減額 されてしまうのでしょうか?

Ⓐ 賞与をもらっても傷病手当金は減額されません。

 病手当金と調整の対象になるのは「報酬」で、この「報酬」には「3カ月を超える期間ごとに受けるものは除く」とされています。

例えばあなたが年3回以内の賞与（夏と冬と決算期）をもらえる会社に在籍しているとしましょう。「3カ月ごと」とは、1年は12カ月ですので、「1年の中で4回」を意味します。ゆえに「3カ月を超える期間ごと」とは、「1年に3回以下」という意味になります。よって、例に挙げた夏と冬と決算期にもらえるような年に3回以下の賞与は「報酬」ではなく「賞与」という扱いになりますので、傷病手当金の減額対象にならないということです。なお、年に4回以上支給される賞与は「報酬」の扱いとなるため、傷病手当金は減額されます。

転職時

副業

産休・育休

介護

病気やケガ、年金

CASE **126**

勤続15年の会社員です。「ねんきん定期便」を見て、将来の年金額が思ったよりも少なくて驚いています。**年金を増やす方法**はありますか?

 加入漏れの確認をしましょう。

　年金手帳が複数ある場合は、それぞれがバラバラのデータになっていて加入が漏れている可能性が高いです。学生時代だけでなく、以前勤めていた職場で手続きが漏れていた（あるいは氏名を間違われて別人扱いされていた）というケースがあります。また、現在のように電子データではなく、紙で管理されていた時代では、結婚して姓が変わったときに旧姓時代の記録が統合されていないケースもあります。

　持ち主不明の記録が1,800万件ほど埋もれていると推計されていますので、年金をもらい始める前にご自身で年金事務所へ行き、確認しましょう。または社労士に相談するのも一つの方法です。「ねんきん定期便」はそのような行動を起こすきっかけにもなりますので、賢く活用しましょう。

　「ねんきん定期便」については、CASE **119** もご参照ください。

CASE **127**

65歳前後で退職を考えています。退職後、老後の 年金と失業保険 を両方もらう には、どのようにすればよいのですか？

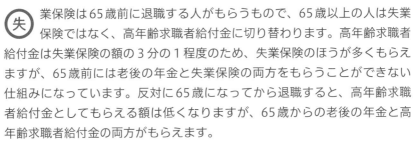

Ⓐ 65歳の誕生日の2日前までに退職して、65歳になってからハローワークへ失業保険の申し込みをしましょう。

失 業保険は65歳前に退職する人がもらうもので、65歳以上の人は失業保険ではなく、高年齢求職者給付金に切り替わります。高年齢求職者給付金は失業保険の額の3分の1程度のため、失業保険のほうが多くもらえますが、65歳前には老後の年金と失業保険の両方をもらうことができない仕組みになっています。反対に65歳になってから退職すると、高年齢求職者給付金としてもらえる額は低くなりますが、65歳からの老後の年金と高年齢求職者給付金の両方がもらえます。

ただし、65歳の誕生日の2日前までに退職をして、ハローワークへの失業保険の申し込みを65歳になる月以後にすることで、低くなる前の給付額で失業保険をもらえ、かつ、老後の年金も調整されることなくもらうことができます。

▍失業保険と高年齢求職者給付金 ▍

注意点として、失業保険をもらうにはハローワークから28日ごとに認定を受ける必要があります。その28日間の中に1日でも65歳到達月の日が含まれていると、失業保険との調整によって65歳到達月の年金はもらえなくなります。

CASE **128**

以前勤めていた会社が新型コロナ感染拡大の影響で 倒産 しました。このような場合、年金が正しく記録されているか調べることはできませんか?

 年金事務所で確認してもらえます。

年金事務所は全国にあります。居住地の事務所に限らずどこに行っても相談や手続きは可能です。

過去の記録の確認は年金をもらい始めたあとでも大丈夫です。万が一、就職して保険料を納めていたにも関わらず何らかの理由で記録がつながっていなかったことが判明した場合、年金額も再計算してくれます。年金の時効は5年間ですので、それより前の期間は損失が生まれることがありますが、記録の不備があなたの責任ではなかった場合は5年より前の記録も再計算の対象となる場合があります。

また、日本年金機構が運営する「ねんきんネット」に登録すると、インターネット上で自分の年金に関する情報を知ることができます（CASE **119**）。

正しく納められていなかった場合は、給与明細やその当時の職場で加入していた年金手帳が保管できていれば、それらを持って年金事務所で相談しましょう。

国民年金の保険料が高いです。

一番安く支払う方法 を教えてください。

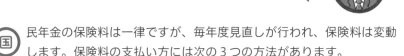

Ⓐ 「口座振替」にして、「2年前納」を選べば一番安く支払うことができます。

国民年金の保険料は一律ですが、毎年度見直しが行われ、保険料は変動します。保険料の支払い方には次の3つの方法があります。

①口座振替
②クレジットカード
③納付書による現金納付

一番「お得」な支払い方は口座振替で「2年分をまとめて支払う（2年前納）」です。これで約1カ月分の保険料（約15,000円）分が割引されます。ただし、毎年2月末が申込期限なので気をつけましょう。

一方で、クレジットカードで納付してポイントをつけたほうが「お得」なのでは？という見方もあるでしょう。ポイント還元率にもよりますが、それも一案です。ただし、クレジットカード会社の規約によっては決済手数料がかかったり、ポイントがつかなかったりしますので注意しましょう。

2年前納で支払うためには、約380,000円のまとまったお金を用意しておく必要があります。それが難しい場合、「お得さ」は低くなりますが、口座振替で1年前納（割引額は約4,000円）や6カ月前納（割引額は約1,000円）という選択肢もありますよ。

CASE 130

学生時代、年金の保険料の支払いを放置していました。年金を増やすために、今から保険料を支払うことはできますか?

Ⓐ 追納と任意加入制度という2つの方法があります。

 生のときに「学生納付特例」の申請をしていれば、10年後までは保険料を払うことができる「追納」という仕組みがあります。しかし10年を過ぎると払えません。ほかの選択肢として、60歳から65歳までの間に限り、国民年金の加入月数の上限である480カ月に達するまで加入できる「任意加入制度」があります。もしくは、就職して厚生年金に加入し、年金額を増やすという選択肢もあります。

　頑張って国民年金の加入月数の上限である480カ月に近づけたものの、結果的に長生きできずに十分な年金をもらえず、「損をした」という結果になることもあるでしょうが、こればかりは誰にも分かりません。老後も安心して暮らすための必要な準備として考えるのがよいでしょう。

◤ 国民年金の任意加入制度 ◥

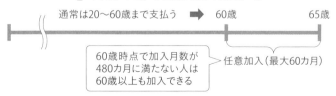

通常は20〜60歳まで支払う ➡ 60歳　　　65歳

60歳時点で加入月数が480カ月に満たない人は60歳以上も加入できる

任意加入（最大60カ月）

　#年金　#任意加入　#国民健康保険

CASE **131**

自然災害の影響を受けて国民健康保険と国民年金の 保険料支払いが難しい です。滞納するしか方法はありませんか?

Ⓐ 国民健康保険、国民年金ともに、保険料の免除や猶予の制度があります。

Ⓚ 民健康保険は市区町村により若干取り扱いが異なりますので、お住まいの市区町村の国民健康保険の窓口に確認をしましょう。一般的には災害の影響に限定されず、雇止めにあった場合などでは保険料の軽減措置があります。国民年金の保険料の滞納は将来の年金額が減るだけでなく、一定期間以上滞納を続けてしまうと、万が一事故や病気になり、障害年金をもらえる状態になった場合でも、保険料を一定以上納めていないことが原因となり、すぐに障害年金がもらえないこともあります。滞納は避け、免除制度や納付猶予制度を活用しましょう。手続きは年金事務所でできます。免除制度や納付猶予制度の活用で年金を増やしていくことは難しいですが、少なくとも「滞納状態」にはなりません。

国民年金保険料の軽減措置

	老齢年金受給資格期間への算入	年金受給金額への反映	障害・遺族年金受給資格期間への算入	保険料を追納する場合
納付	○	○	○	—
免除	○	△(一部)	○	10年以内であれば納めることができる
納付猶予	○	×	○	10年以内であれば納めることができる
未納	×	×	×	2年を過ぎると納めることができない

159

CASE 132

年金は保険料を10年支払えばもらえるようになったようですが、国民年金を 10年支払った場合 、どれくらいの年金額になりますか？可能であればもっと支払ったほうがよいですか？

 A 年金額は、年額で約20万円弱です。

れをひと月に換算すると約16,000円ですので、とても十分な額とは言えないでしょう。年金はあなたが「亡くなる月の分まで」もらえますので、可能な限り保険料を納めて増やしておいたほうがよいのは明らかです。亡くなった月の分は「未支給年金」という形で、生計を共にしていた遺族が受け取れます。多くの場合は遺族年金と一緒に手続きをすることになりますが、家族に遺してあげられる金額が多いに越したことはないでしょう。そのためにあなたが今できることは、年金制度に加入できる間はしっかりと保険料を納めることです。厚生年金は70歳まで加入できますが、国民年金は原則として60歳までです（任意加入については CASE 130 もご参照ください）。

年金の繰下げ受給（遅くもらう）は何歳で請求するのがお得ですか?

A 平均余命、健康寿命、加算対象の有無などを考慮して決断しましょう。

㊐ 歳よりも遅くもらう繰下げ受給は最低1年（66歳）以降でなければ選択できません。

「平均余命」とはある年齢の人があと何年生きられるかを平均したもので、厚生労働省がデータを公開しています。「健康寿命」とは楽しくお金を使える期間といわれています。「加算対象」とは生計を共にする年下の配偶者などのことで、厚生年金に20年以上加入している被保険者が65歳になったとき、被保険者が生計を維持する65歳未満の配偶者または18歳未満の子供がいる場合、年金にプラスして給付がもらえます（加給年金）。加給年金は年金版の扶養手当と考えると分かりやすいです。

生活を切り詰め、めいっぱい繰下げて75歳で受給を開始して年金額を増やしたものの、もらい始めたときにはすでに寝たきり状態であれば後悔も残るでしょう。金額の比較は年金事務所でできます。ただし、寿命に関しては誰にも正確には分かりませんので、シンプルに金額の部分で比較・検討される人が多いですね。

加給年金

対象者	加給年金額（年額）	年齢制限
配偶者	223,800円※	65歳未満であること
1人目・2人目の子	各223,800円	18歳到達年度の末日までの間の子 または1級・2級の障害の状態にある20歳未満の子
3人目以降の子	各74,600円	18歳到達年度の末日までの間の子 または1級・2級の障害の状態にある20歳未満の子

※老齢厚生年金を受けている人の生年月日に応じて、配偶者の加給年金額に33,100円から165,100円が特別加算されます。

出典：日本年金機構「加給年金額と振替加算」

CASE **134**

年金を 繰下げ受給する（遅くもらう）と、1カ月あたり0.7%増えるようですね。年金がカットされている人も増えるのですか?

 在職中で報酬が高いため年金がカットされている人は、繰下げても増えません。

年 金を満額で1年に100万円支給されている人は受け取り年齢を1年間繰下げることで1年に84,000円（0.7%×12カ月＝8.4%　100万円×8.4%＝84,000円）増えることになります。銀行預金でこれだけの利息をつけるのは至難の業ですので、魅力的であることは確かです。

　ただし、誤解が多い部分ですが、これは全員があてはまるわけではありません。厚生年金に入りながら働いている人は、前年の1カ月の報酬相当額（賞与も月額換算して含める）と年金の合計額が47万円を超えると、超えた部分の半分の年金がカットされます（在職老齢年金制度）。言い換えると、カットされる部分は、本来繰下げていてもいなくてももらえないわけですから、繰下げたとしても増額の対象にはなりません。とはいえ、これは「厚生年金」からもらえる老後の年金に限った話ですので、「国民年金」の分はこの影響はなく、繰下げた分はもらえます。

【 在職老齢年金制度 】

総額 50 万円	
給与 30 万円	年金 20 万円

47 万円

受給額
＝30万円＋（20万円－1万5000円）
＝48万5000円

超えた 3 万円の半分をカット

68歳くらいまで働く予定です。年金を繰下げ受給（遅くもらう）にしようか普通にもらおうか、あるいは繰上げ受給（早くもらう）にしようか迷っています。

どのもらい方を選ぶ のが後悔は少ないですか?

Ⓐ 迷われているのであれば繰下げ受給がおすすめです。

 下げ受給は年金を増やせるだけでなく、生活環境の変化などによって繰下げを途中でやめて繰下げていた年月分をもらう選択肢も残せるからです。反対に繰上げ受給は一度決めたら途中で止めることができません。なぜならすでに「フライング」してもらっているからです。もちろん、病気を患いすぐにお金が必要な場合や、余命宣告を受けた場合は、むしろ繰上げたほうが結果的にたくさんもらえたということはあるでしょう。ただし、そのような状況下になく、単に選択を迷っている場合は、選択肢を多く残せる繰下げ受給のほうが小回りが利く選択と言えますね。

▌ 繰下げ受給を検討する際の計算 ▌

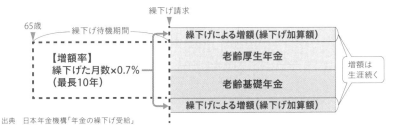

出典 日本年金機構「年金の繰下げ受給」

CASE 136

年金の 繰上げ受給 (早くもらう) を選んだときの デメリット は何ですか?

Ⓐ 障害年金の請求、任意加入や保険料の追納ができなくなる、減額率は一生涯適用されることなどです。

 ず、障害年金についてです。もちろん例外もありますが、原則として 65歳を過ぎると請求ができなくなります。なぜなら、80歳や90歳になっても請求できるとなると、多くの人が障害年金の対象になってしまう可能性があるからです。

　年金を繰上げ受給すると、仕組み上、受給者は65歳とみなされます。国民年金の任意加入制度は65歳までしかできませんので、国民年金の任意加入や追納もできなくなります。

　そして、このような内容にデメリットを感じない人であっても、減額率が一生涯適用されるという部分は無視できません。言い換えると、長生きすればするほど損をする(繰上げずに普通にもらっていたほうが得をした)ことになります。

CASE 137

会社に正社員として在職中で同年齢の64歳の妻が他界しました。遺族年金はもらえますか?
子供はすでに大学を卒業し、独立しています。

(A) 遺族厚生年金をもらえる可能性があります。

 則としては、1人で違う種類の年金を同時にもらうことはできません。これを「1人1年金の原則」と言います。ただし、65歳以後は違う種類の年金でも次のような組み合わせであれば同時にもらえます。

- ☑ 老齢厚生年金と障害基礎年金
- ☑ 遺族厚生年金と老齢基礎年金
- ☑ 遺族厚生年金と障害基礎年金

今回の男性のケースでは、ご自身がまだ年金を受給していなければ60歳以上ですので遺族厚生年金がもらえます。ご自身ですでに老後の年金をもらっている場合、65歳までは老齢年金か遺族年金かどちらかを選択する形になります。

遺族年金は遺族基礎年金と遺族厚生年金の2種類があります。子供が成人している女性の場合、遺族基礎年金はもらえませんが、遺族厚生年金は就労の有無に関わらず年齢制限なくもらえます。金額が多いほうを選ぶことが多いですね。遺族年金は非課税ですので、その点も考慮しましょう。

病気やケガ、年金

CASE **138**

内縁関係 ですが、事実上の夫が亡くなった場合、遺族年金 はもらえますか?

 年金は、法律婚だけでなく、事実婚も対象になりますが、実態の証明をする必要があります。

（税）金の世界と異なり、年金の世界は「実態」で判断されますので、内縁関係でも対象となります。ただし、事実上の婚姻関係（内縁関係のこと）であったことを証明する必要があります。具体例としては次のようなもので証明ができます。

- ☑ 健康保険の被扶養者になっている場合は、被保険者証の写し
- ☑ 職場で扶養手当をもらっていた場合は、給与明細や賃金台帳の写し
- ☑ 挙式や披露宴が行われていた場合は、結婚式や披露宴の実施を証明する書類
- ☑ 連名の郵便物や公共料金の領収書
- ☑ 葬儀の喪主になっている場合は会葬礼状の写し

遺族年金の審査にあたっては、事実婚状態であったと言えるか、生計維持関係があったかを審査されます。生計維持関係とは、「生計を同じくしていること（同居していること。別居していても、仕送りをしている、健康保険の扶養親族であるなどの事項があれば認められます）」と「収入要件を満たしていること（前年の収入が850万円未満であること。または所得が655万5000円未満であること）」が条件となります。

遺族厚生年金 をもらっています。今後、自身の国民年金の保険料を払い続けるのは無駄ですか?

夫の他界後、仕事は60歳の定年を待たず辞めてしまいました。

Ⓐ **65歳からは国民年金がもらえますので無駄ではありません。**

🏦 生年金から遺族厚生年金か老齢厚生年金をもらえる状況にある場合、65歳以降はまず、現役時代にご自身で保険料を納めてきた分である老齢厚生年金を優先的に受け取り、次に遺族厚生年金のほうが高ければ老齢厚生年金と遺族厚生年金の差額をもらうことになります。もちろん、遺族年金をもらいながら老齢年金を繰下げて受給することはできません。

　仮にあなたが厚生年金に加入していない場合、遺族厚生年金と国民年金からの老後の年金(老齢基礎年金)は調整されることなくもらえますので、保険料の払い損ということにはなりません。

CASE **140**

障害年金 という制度があるようですが、すでに病気を患っている息子は まだ10代 で年金制度に加入できません。その場合、障害年金はもらえないのですか？

（A）「20歳前障害による障害基礎年金」という制度があります。

　そもそも年金制度に加入できる年齢になる前に障害状態になっていたということですから、制度上、保険料を納めることができなくても年金支給の対象になります。障害年金には「障害認定日」という要件があり、20歳になった日か、初診日から１年６カ月経過した日のどちらか遅い日が障害認定日になります。

　初診日とは、障害の原因となる病気やケガについてはじめて医師の診察を受けた日のことです。いくつかの病院を転々としている場合は、最初にかかった病院の証明が必要です。障害認定日に一定の障害等級に該当すれば障害年金をもらえます。手続きは年金事務所で行います。医師の診断書など必要書類をそろえて申請しましょう。

離婚 をしたら 夫の年金の半分 を もらえると聞きました。 どこで手続きをするのですか?

Ⓐ 「年金額」を半分もらえるのではなく、 「厚生年金の加入記録」の最大50%を 分け与えられるということです。

 生年金の加入記録について、必ず夫の50%を妻に分け与えなければ ならないということでありません。話し合いの結果、50%未満にな ることもあります（あくまで上限が50%）。そして、分割対象となる期間は「婚 姻期間中」の記録です。また、年上の夫から分け与えられたとしてもあなた が年金をもらえる年齢になるまで年金は受け取れません。もし、分割された あとに元夫が他界してもすでに分割を受けた記録はその人の記録とみなされ ますので、年金額には影響しません。

なお、これはあくまで厚生年金の制度ですので、国民年金には影響があり ません。分割された記録は年金額には反映されますが、受給資格期間には反 映されませんので、あなたの加入期間が10年に達していない場合はもらえ ません。手続きは年金事務所で行います。原則として、離婚した日の翌日か ら2年が過ぎると分割の請求ができなくなりますので気をつけましょう。

▌ 年金分割 ▐

転職時

副業

産休・育休

介護

病気やケガ、年金

CASE **142**

夫と離婚する予定です。 離婚時 の年金分割 をしないほうがよい 場合とはどんな場合ですか?

Ⓐ あなたのほうが婚姻期間中に厚生年金 の保険料納付実績が多い場合は、 分割しないほうがよいです。

 婚時の年金分割は、婚姻期間中、保険料納付実績が多いほうから少ないほうへ記録を分割する制度です。例えば、妻が会社員で夫が自営業の場合、夫は厚生年金に加入していない可能性が高いです。そうなると、妻のほうから夫へ厚生年金の加入記録を分け与えることになるので、夫だけが得をすることになります。

どちらがお得かを検証するために、年金事務所で情報提供請求書を提出すれば事前に情報を把握することができます。情報提供請求書は離婚前でも請求ができ、記録の郵送先の指定（例えば現在のマンションでは夫に見られてしまうので実家に郵送してもらう）も可能です。年金分割については、CASE **141** も参考にしてください。

CASE **143**

もうすぐ 会社を退職 します。
何かやっておいたほうがよいこと
はありますか?

 気になる病気があれば退職前に病
院を受診しておきましょう。

　職日の翌日以降は保険証が使えなくなり、任意継続を選択した場合で
も次の保険証が手元に届くまで時間がかかるため、そのような不便さ
を回避する意味で保険証があるうちに病院を受診しておいたほうがよいで
しょう。しかし、それだけではなく、万が一、障害年金につながるような病
気を患っていた場合、障害年金は「初診日」に厚生年金に加入している(会
社勤め)と障害厚生年金の対象となります。これは国民年金からもらえる障
害基礎年金よりも障害等級(障害年金として認められる障害の範囲)が広い
ために、年金としてもらえる可能性が高いことを意味します。

　退職時前後の保険証の利用については、CASE **145** も参考にしてください。

❙ 障害年金となる主な病気など ❚

・がん、脳梗塞、心筋梗塞、糖尿病、慢性腎不全、人工透析
・聴覚障害、網膜色素変性症
・うつ病、統合失調症
・人工肛門、手足切断、リウマチ、事故によるケガ

出典:政府広報オンライン「障害年金の制度をご存じですか?がんや糖尿病など内部疾患の方も対象です」

病気やケガ、年金

CASE **144**

もうすぐ会社を定年退職します。 人事から 年金にも税金がかかる と 説明を受けましたが、どのくらい の年金をもらうと税金がかかるの ですか?

Ⓐ 年額で65歳未満は108万円、65歳 以上は158万円からかかります。

 後の年金は雑所得として課税対象になります。年額で65歳未満の人 の場合は108万円、65歳以上の人の場合は158万円を超える年金を もらうと所得税がかかります。この金額未満の年金額であれば所得税を払う 必要がありません。

例えば、国民年金からもらえる老齢基礎年金は満額約78万円ですので、 所得税はかかりません。65歳未満、65歳以上のそれぞれの金額を超えた場 合は所得税がかかり、年金から天引きされた差引額が振り込まれます。65 歳未満は108万円、65歳以上で158万円以上の老齢年金受給者には「扶養 親族等申告書」という書類が日本年金機構から送られてきますので、内容を 確認し、配偶者控除などの控除に該当する場合、期限内に提出するようにし ましょう。なお、遺族年金と障害年金は非課税です。

CASE 145

長年勤めてきた会社を12月15日で退職することになりました。末日に籍がないので12月分の社会保険料はかからないと言われました。それでも、例えば12月10日など <mark>退職日前に保険証を使ってもよい</mark> のですか?

Ⓐ 保険証は使えます。

 会保険料は、その月の末日に在籍している人の分を翌月の給与から給与天引きします。今回のケースのように、退職日は必ずしも末日とは限りませんし、判断に迷う人もいらっしゃるでしょう。しかし、保険料の算定と保険証は別概念ですから、保険証を使っていただいても問題ありません。実際に、病院に行く日は保険証を持っているわけですし、退職後に加入する予定の国民健康保険に二重で加入することはできませんので、至極当然の話ではありますね。

　退職日に出勤する場合はそのまま保険証を返却し、もし、有休消化や退職日の夜間に受診予定がある場合などは使ったあとで職場に郵送するのがよいでしょう。扶養している家族の分も返却する必要があります。なお、退職後に前の職場の保険証を使うことはできませんので、万が一誤って使ってしまうと払い戻しの手続きが発生します（CASE **118** も参照しましょう）。

CASE **146**

定年後、給与が下がった場合にハローワークから60 ～ 65歳の間、給付金がもらえる そうですね。

以前もらっていた人から話を聞くと、まれにまったくもらえない月があったようです。どういうときにもらえなくなるのですか？

 (A) 残業代が多く出たことが考えられます。

この給付金は「高年齢雇用継続基本給付金」というもので、2カ月に1回ハローワークに申請すればもらえる給付金です。60歳になったときの給与と比べて75％未満に下がった場合に、65歳になる月までそのときもらっている給与の約15％（給与が多くなると15％以下になる場合もあります）を給付金としてもらえる制度です。

特定の月だけ給付金をもらえなかったということであれば、その月に残業代が多く出た結果、支給限度額（毎年変動します）を超えてしまった可能性が高いです。ただし、60歳のときよりも給与が下がったとはいえ、支給限度額以上の給与をもらってしまうと、ある程度の収入があることを意味しますので、給付の対象から外れてしまいます。

CASE **147**

65歳を境に 失業保険の額が下がる と聞きました。

しかし、あまり早く会社を辞めると生活が苦しいので、ぎりぎりまで働きたいです。下がる前の水準で失業保険をもらうためには、どのあたりで辞めるのがベストですか？

 A 末日退職の場合は64歳11カ月での退職がベストです。

 転職時

 副業

 産休・育休

介護

（勤）　続年数にもよりますが、65歳よりも前に退職した場合、90〜150日分の失業保険をもらえます。他方、65歳以後に退職した場合は30〜50日分に減ってしまい、かつ、もらい方も「一時金」となるため、受給額が下がってしまいます。

　このような仕組みになったのは、再就職が難しくなる65歳以降も充実した給付制度が整っていると、再就職するよりも失業保険をもらっていたほうが「お得」となってしまい、働く意欲がなくなってしまうためと考えられます。末日退職にこだわらず、ぎりぎりまで働きたい場合は、65歳の誕生日の前々日がベストな退職日です。65歳になる直前に退職し、継続的な給付を受けることで損失を回避できます。（CASE **127** 参照）

 病気やケガ、年金

CASE **148**

定年後、起業する前に少し休養期間を取ろうと思っています。その場合、定年も自己都合退職と扱われ、2カ月間は 失業保険をもらえない のですか?

 2カ月の給付制限はありません。休養するため働く意思がない場合は「受給期間の延長申請」をしましょう。

定 年退職後も別の会社で働く予定がある場合、ハローワークで申請すれば失業保険がもらえます。定年退職は通常何年も前から退職日が分かりますので、失業保険としてもらえる給付日数の区分としては自己都合退職と同じになりますが、2カ月の給付制限期間（失業保険をもらえない期間）はありません。なぜなら、定年年齢は法律では一部の業種を除き、「60歳以上」であれば会社が自由に設定できることから、完全に自分の意志で辞める自己都合退職とは100%イコールではないからです。

　ただし、休養しようと思っている場合は働く意思がないと判断されますので、定義上、失業保険はもらえないことになります。休養したい場合は、定年退職後2カ月以内に「受給期間の延長申請」をして休養期間中を延長期間に充て、延長期間が明けてから失業保険をもらい始めることができます。（CASE **06**、CASE **105**も参照）

CASE **149**

不動産投資をして副収入を得たら
年金はカット されてしまいますか?

Ⓐ 個人的な趣味の延長での副収入で年金をカットされることはありません。

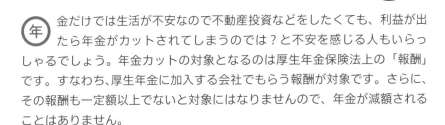

年金だけでは生活が不安なので不動産投資などをしたくても、利益が出たら年金がカットされてしまうのでは？と不安を感じる人もいらっしゃるでしょう。年金カットの対象となるのは厚生年金保険法上の「報酬」です。すなわち、厚生年金に加入する会社でもらう報酬が対象です。さらに、その報酬も一定額以上でないと対象にはなりませんので、年金が減額されることはありません。

CASE **150**

もっと知りたい！

奇数月にもらえる年金

年金は2カ月分を偶数月の15日（その日が休日の場合は直前の金融機関営業日）に振り込まれるというのが基本です。ただ、最初の請求は手続きに時間がかかりますので、例外的に奇数月に支払われることもありますが、これをもって損失が生まれたり、何か得をするということはありません。
損をするケースでいうと、5年の時効を過ぎてから手続きすると損が出ます。なぜなら時効を過ぎてしまうと、もらい始められる年齢に達したのにも関わらず手続きをしていないので、もらえない分の年金が生まれてしまうからです。

年末調整ってなに？

給与から天引きされていた所得税をきちんと計算し直すこと

　毎月給与から天引きされている所得税ですが、実はこれはあくまで概算額です。毎年12月になると、会社などは従業員の1年間の給与総額から税金を再計算し、従業員が提出した申告書をもとに「生命保険に加入している」などそれぞれの事情に合わせた控除を行います。そして、実際に納めなくてはならない所得税の金額を確定させて、天引きされた所得税の金額と比較し、過不足を調整します。

年末調整の結果…

所得税が安くなった

還付
天引きされた所得税が本来の税額より多かった場合、その分が戻ってくる。

所得税が高くなった

追加徴収
天引きされた分で足りない場合、12～1月の給料から追加で税金を引かれる。

基礎控除
申告者全員が記入する。合計所得金額が2,400万円以下で48万円の控除を受けられる。

配偶者控除・配偶者特別控除
本人の所得が1,000万円以下で、配偶者の年間の合計所得金額が48万円以下、または48万円超133万円以下などの要件を満たしている場合に記入する。

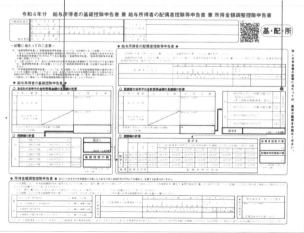

この申告書のほかにも、「保険料控除申告書」「扶養控除等申告書」があります。また、保険会社から送られる保険料控除証明書なども必要になります。

確定申告ってなに？

フリーランスは確定申告で所得税を納める

　1月1日〜12月31日の所得にかかる税金を計算して、期限までに税務署に必要書類を提出し、申告・納税するのが確定申告です。個人事業主は年末調整ではなく、自分で確定申告をすることで所得税額が決まります。1年間の売上から経費を引いて事業所得を出し、さらに条件にあてはまる所得控除を差し引いて課税所得を出します。

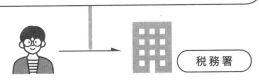

①国税庁 HP「確定申告書等作成コーナー」で確定申告書を作成
②確定申告書と必要書類を e-Tax で送信または印刷して税務署へ
　郵送するか持参する

税務署

年末調整ではできない控除は確定申告で

　会社などで働いている場合は勤務先が年末調整をするので、確定申告は必要ありません。ただし、会社員でも一定の条件にあてはまる場合は自分で確定申告をする必要があります。また、年末調整の対象とならない所得控除を受けたい場合は確定申告をしておくと税金が還付されることもあるので、チェックしておきましょう。

確定申告をしなければならない人
- 給与が年間 2,000 万円を超える
- 2カ所以上から給与をもらっている
- 副業の所得が年間 20 万円以上
- 多額の遺産を相続した
- 不動産所得がある
- 兼業農家

確定申告をしたほうがお得な人
- 住宅ローンを組んで自宅を買った
- 年間の医療費が 10 万円を超えた
- 中途退職をして年末調整を受けていない
- 災害や盗難により、家財が損害を受けた
- 寄附やふるさと納税をした

所得控除ってなに?

 所得から一定の金額を差し引くこと

　所得税の額を算出する際に所得から「扶養控除」などさまざまな控除を差し引いた「課税所得」が使われます。この課税所得を下げることで、結果的に所得税も抑えることができます。なお、控除にはそれぞれ使用できる条件があります。

基礎控除 ◎
すべての申告者に適用。合計所得金額に応じて控除額が変わる。

扶養控除 ◎
16歳以上で所得が一定額以下の親族を扶養している。

障害者控除 ◎
本人または配偶者や扶養している家族が障害者。

配偶者控除 ◎
配偶者の年間の合計所得金額が48万円以下。

配偶者特別控除 ◎
配偶者の年間の合計所得金額が48万円超133万円以下。

医療費控除
本人と家族の医療費を合計して10万円を越えた。

社会保険料控除 ◎
健康保険料、年金保険料を支払った。

生命保険料控除 ◎
一般の生命保険料、介護医療保険料、個人年金保険料を支払った。

地震保険料控除 ◎
地震保険料を支払った。

雑損控除
災害や盗難などにより住宅や家財が損害を受け、加入している保険から保険金をもらっても損失がある。

寡婦控除 ◎
夫と死別・離婚後も結婚せず、合計所得金額が500万円以下。

ひとり親控除 ◎
シングルマザーやシングルファーザーであり、総所得金額48万円以下の子と生計を共にしている。

勤労学生控除 ◎
働きながら学校に通い、所得が75万円以下。

寄附金控除
特定の自治体や団体へ寄附した。

小規模企業共済等掛金控除 ◎
iDeCoや小規模企業共済に加入した。

　◎がついている控除は、会社員・公務員などの場合、年末調整で申告できます。

索引

（著者プロフィール）

蓑田 真吾 （みのだ・しんご）

1984年生まれ。社会保険労務士。都内医療機関に勤務した約13年間、人事労務部門において労働問題の相談（病院側・労働者側双方）や社会保険に関する相談を担ってきた。対応した医療従事者の数は1000名を超え、約800名の新規採用者、約600名の退職者にも対応してきた。独立後は年金・医療保険に関する問題や労働法・働き方改革に関する実務相談を多く取り扱い、書籍や雑誌に寄稿。現在も多方面で講演・執筆活動中。

STAFF

本文デザイン	村口敬太、村口千尋（Linon）
組版・DTP	中央制作社
イラスト	坂本伊久子
校正	聚珍社
編集	緑川恵美、水嶋亜実、塚本鈴夫（エディット）
	上原千穂（朝日新聞出版 生活・文化編集部）

読めば得する
働く人のもらえるお金と手続き 実例150

2023年3月30日 第1刷発行

著 者	蓑田真吾
編 著	朝日新聞出版
発行者	片桐圭子
発行所	朝日新聞出版
	〒104-8011 東京都中央区築地5-3-2
	（お問い合わせ）infojitsuyo@asahi.com
印刷所	図書印刷株式会社

Ⓒ 2023 Shingo Minoda,Asahi Shimbun Publications Inc.
Published in Japan by Asahi Shimbun Publications Inc.
ISBN 978-4-02-334104-3